PASTORAL URBANA

Dados Internacionais de Catalogação na Publicação (CIP)
(Câmara Brasileira do Livro, SP, Brasil)

Pastoral urbana : novos caminhos para a Igreja na cidade / Agenor Brighenti, Francisco de Aquino Júnior, (organizadores). – Petrópolis, RJ : Vozes, 2021.

Vários autores.
Bibliografia.
ISBN 978-65-571-3019-3

1. Igrejas urbanas 2. Missões urbanas I. Brighenti, Agenor. II. Aquino Júnior, Francisco de.

20-51818   CDD-253.7

Índices para catálogo sistemático:
1. Pastoral urbana : Evangelização : Cristianismo   253.7

Cibele Maria Dias – Bibliotecária – CRB-8/9427

Agenor Brighenti
Francisco de Aquino Júnior
(Organizadores)

PASTORAL URBANA

Novos caminhos para a Igreja na cidade

Petrópolis

© 2021, Editora Vozes Ltda.
Rua Frei Luís, 100
25689-900 Petrópolis, RJ
www.vozes.com.br
Brasil

Todos os direitos reservados. Nenhuma parte desta obra poderá ser reproduzida ou transmitida por qualquer forma e/ou quaisquer meios (eletrônico ou mecânico, incluindo fotocópia e gravação) ou arquivada em qualquer sistema ou banco de dados sem permissão escrita da editora.

CONSELHO EDITORIAL

Diretor
Gilberto Gonçalves Garcia

Editores
Aline dos Santos Carneiro
Edrian Josué Pasini
Marilac Loraine Oleniki
Welder Lancieri Marchini

Conselheiros
Francisco Morás
Ludovico Garmus
Teobaldo Heidemann
Volney J. Berkenbrock

Secretário executivo
João Batista Kreuch

Editoração: Leonardo A.R.T. dos Santos
Diagramação: Sheilandre Desenv. Gráfico
Revisão gráfica: Nilton Braz da Rocha
Capa: Ygor Moretti

ISBN 978-65-571-3019-3

Editado conforme o novo acordo ortográfico.

Este livro foi composto e impresso pela Editora Vozes Ltda.

SUMÁRIO

Lista de abreviaturas, 7
Introdução, 9

Parte I – Mundo urbano, 13

1 O mundo urbano – Um universo plural, diverso, complexo, 15
   Solange S. Rodrigues
2 A cidade como um modo de vida – Em busca de redes de comunicação humanizadas, 34
   Magali do Nascimento Cunha
3 Sobreviver na cidade – Cristalização de contradições, 53
   Luiz Roberto Benedetti
4 O desafio da convivência das religiões no espaço urbano, 65
   Elias Wolff

Parte II – Igreja urbana, 81

5 Igreja: sacramento do reinado de Deus, 83
   Francisco de Aquino Júnior
6 Uma Igreja de rosto urbano, 97
   Mario de França Miranda
7 Comunidade – Modo de vida e testemunho evangélico, 110
   Celso Pinto Carias
8 Periferias como lugar teológico-eclesial, 124
   Sinivaldo S. Tavares

Parte III – Pastoral urbana, 139

9 Uma pastoral com rosto urbano, 141
   Manoel José de Godoy

10 Refazer o tecido social e eclesial, 160
   Benedito Ferraro

11 Evangelização das cidades e conversão ecológica – Sugestões a partir das *Diretrizes* da CNBB, 181
   Afonso Murad

12 Pastoral orgânica e de conjunto na cidade, 206
   Agenor Brighenti

Conclusão, 221
Índice, 225

LISTA DE ABREVIATURAS

AA	*Apostolicam Actuositatem*
AG	*Ad Gentes*
CA	*Centesimus Annus*
CEBs	Comunidades Eclesiais de Base
Celam	Conselho Episcopal Latino-Americano
Ceseep	Centro Ecumênico de Serviços à Evangelização e Educação Popular
DAp	*Documento de Aparecida*
DGAE	*Diretrizes gerais da ação evangelizadora da Igreja no Brasil 2019-2023*
DI	Discurso Inaugural de Bento XVI na Conferência de Aparecida
DP	*Documento de Puebla*
EG	*Evangelii Gaudium*
EN	*Evangelii Nuntiandi*
GS	*Gaudium et Spes*
LE	*Laborem Exercens*
LG	*Lumen Gentium*
LS	*Laudato Si'*
Med	*Documento de Medellín*
MM	*Mater et Magistra*
NA	*Nostra Aetate*
QAm	*Querida Amazônia*

INTRODUÇÃO

No intuito de contribuir com a implementação das novas *Diretrizes gerais da ação evangelizadora da Igreja no Brasil* propostas pela CNBB, um grupo de cientistas sociais, teólogos e pastoralistas oferece esta obra, *Pastoral urbana: novos caminhos para a Igreja na cidade*. O contexto posto em relevo pelas novas *Diretrizes* é o mundo urbano, que exige uma pastoral urbana.

A cidade é um todo complexo e diversificado. Mais do que um espaço físico é, sobretudo, um horizonte cultural que altera as relações entre as pessoas e destas com Deus e a natureza. A gênese e o desenvolvimento da cidade mostram que se trata de uma realidade em constante metamorfose. Um olhar analítico sobre o fenômeno, mas colado ao saber experiencial, é condição para um processo de evangelização que leve a uma encarnação do Evangelho no mundo urbano.

Pastoral urbana não é simplesmente fazer pastoral na cidade. Trata-se, antes, de uma ação pastoral encarnada no mundo urbano, caracterizada por desafios, estilo de vida, linguagem, símbolos e imaginários próprios. Do contrário, ainda que atuando na cidade, pode-se estar transportando para o urbano a milenar pastoral nos parâmetros da quase extinta cultura rural, típica do período da Cristandade. Neste caso, em lugar de inculturar o Evangelho na cidade, como afirma Paulo VI na *Evangelii Nuntiandi*, se está evangelizando "de maneira decorativa, como que aplicando um verniz superficial", e não "de maneira vital, em profundidade, indo até às raízes da cultura" (*EN* 21). Com a encarnação, "o Verbo se fez cultura" em Jesus de Nazaré (Bento XVI, DI), mas, em nossos países do "Novo Mundo colonial", em grande medida, a evangelização, longe de inculturar o Evangelho, implantou uma Igreja exógena à alma de nossos povos.

Talvez seja essa uma das razões pela qual, hoje, apesar de a Igreja estar majoritariamente evangelizando na cidade, haver pouca pastoral urbana e a consequente dificuldade em responder aos anseios mais profundos daqueles que ela abriga ou a ela acorrem. A consequência é a sangria silenciosa dos católicos da paróquia, atrelada tradicionalmente à "pastoral de conservação", o modelo típico da Cristandade rural e pré-moderna.

Como veremos nesta obra, para uma evangelização inculturada no mundo urbano, o primeiro requisito é conhecer a cidade, que "é laboratório da cultura contemporânea, complexa e plural" (*DAp* 509), com "uma nova linguagem e uma nova simbologia, que se difunde também no mundo rural" (*DAp* 510). "O anúncio do Evangelho não pode prescindir da cultura atual", que "deve ser conhecida, avaliada e, em certo sentido, assumida pela Igreja" (*DAp* 480).

São muitos os desafios para uma evangelização inculturada no mundo urbano. Começa pela exigência da já tardia passagem de uma "pastoral de conservação, baseada na sacramentalização e com pouca ênfase na evangelização" (*Med* 6,1), para uma pastoral "decididamente missionária" (*DAp* 370). Consequência desse atraso, entre outros fatores, está aí a massa de católicos não evangelizados, "sem conversão pessoal e experiência pessoal com Jesus Cristo", "de fraca identidade cristã e pouca pertença eclesial" (*DAp* 226a). A sangria de católicos de nossas comunidades, sobretudo para movimentos religiosos autônomos, além de fatores próprios de nosso tempo, tem muito a ver com isso. Como humildemente reconheceu a Conferência de Aparecida, os católicos que deixam nossas comunidades e vão para outras denominações religiosas não estão querendo deixar a Igreja, antes estão buscando sinceramente a Deus (*DAp* 225). Com a radicalização do processo de secularização, o denominado "substrato católico" (*DP* 1, 7, 412) do período de Cristandade tende a ser substituído por uma religiosidade eclética e difusa, em uma espécie de neopaganismo imanentista.

A presente obra está estruturada em três partes, com quatro pequenos capítulos em cada uma delas. A primeira – "Mundo urbano" – situa os agentes de pastoral na realidade urbana em seus diversos âmbitos: geográfico, econômico, político, social, cultural, ecológico, religioso. A segunda parte – "Igreja urbana" – situa a fé cristã e a Igreja no contexto urbano atual, dando indicações para a inculturação da fé, para uma Igreja com rosto urbano e presente na cidade segundo as exigências desse contexto, sobretudo em relação à sua organização e às estruturas. A terceira parte – "Pastoral urbana" – oferece perspectivas para a operacionalização de uma pastoral com jeito urbano e no contexto urbano, relativa aos dramas e às urgências socioambientais, à fragmentação do tecido social, bem como às exigências de uma pastoral orgânica em vista de uma Igreja com rosto urbano.

Parte I
MUNDO URBANO

1
O mundo urbano
Um universo plural, diverso, complexo

*Solange S. Rodrigues**

A grande maioria da população brasileira é urbana, o que impõe problemas desafiantes para uma pastoral urbana sintonizada com o perfil sociodemográfico do país. De acordo com dados oficiais do Instituto Brasileiro de Geografia e Estatística (IBGE), órgão responsável pelos recenseamentos gerais da população e por outras pesquisas demográficas, 84,4% dos habitantes do país viviam nas cidades em 2010 (IBGE, 2010).

Pensar e concretizar a ação evangelizadora exige conhecimento do universo em que esta será desenvolvida. Por isso, na primeira parte deste capítulo serão apresentadas características fundamentais do mundo urbano: pluralidade, diversidade e complexidade. Em seguida, serão feitas considerações sobre a extensão da população urbana em nosso país. Por fim, será apresentado o horizonte para o qual devem apontar as ações de diferentes sujeitos que almejam cidades para todos e todas: o direito à cidade.

1 Mundo urbano: espaço complexo de relações sociais

"Urbano" é uma palavra de origem latina, e quer dizer "pertencente à cidade". Já a palavra grega *"polis"* se referia a uma cidade

---

* Cientista social, mestre em Sociologia (UFRJ, 1997) e pesquisadora do Iser Assessoria (www.iserassessoria.org.br). Parte das reflexões contidas neste capítulo é fruto de diálogos com a companheira de equipe Lucia Ribeiro de Souza, durante a elaboração do texto-base do XIV Encontro Intereclesial das Comunidades Eclesiais de Base do Brasil, a quem agradeço a instigante interlocução e parceria.

independente cujo governo era exercido por cidadãos livres, que se ocupavam dos assuntos públicos. Ambas as acepções nos aproximam das cidades atuais. Assim, o que entendemos por urbano está vinculado à cidade e a seus habitantes, por mais que esse universo ultrapasse atualmente os limites geográficos das cidades, como será discutido mais adiante.

Antes, é preciso indicar o que chamamos de cidade. Trata-se de um núcleo com considerável densidade populacional, onde se agrupam estabelecimentos próximos entre si, destinados à moradia, às atividades culturais, mercantis, industriais, financeiras e administrativas, com opções de lazer e entretenimento. É o espaço onde diferentes sujeitos sociais vivem, sobrevivem, trabalham e circulam, usufruem de seus equipamentos ou deles são excluídos. Desse modo, a cidade não é apenas espaço geográfico, nela ocorrem *relações e fenômenos sociais, culturais e econômicos*.

Em qualquer território é possível observar uma determinada forma de organização social do espaço: como se distribuem as pessoas, as edificações, as atividades, as relações que os diversos sujeitos sociais estabelecem entre si. No espaço urbano, o diferencial é a *concentração*, a *aglomeração* de pessoas e de estabelecimentos, a *intensidade* das interações e fluxos existentes.

Não obstante esse traço em comum, as cidades são bem diferentes entre si. São *diversas* por extensão territorial, relevo, traçado de ruas, atividade socioeconômica predominante, quantidade, origem e composição étnica de seus habitantes, fluxos migratórios, vida cultural, pela sua história. E também há muitas diferenças em uma mesma cidade: entre os bairros e regiões, na distribuição dos serviços e equipamentos públicos, nas formas de gestão da vida social.

As cidades são marcadas pela *pluralidade*. No mesmo espaço urbano convivem pessoas e grupos muito diferentes: classes sociais diversas, grupos socioculturais, migrantes de origens variadas, pessoas de diferentes pertencimentos étnico-raciais e diferentes orientações sexuais, grupos que adotam diversos estilos de vida, de diversas identidades religiosas ou políticas, de diferentes gerações. Para compreender a dinâmica da vida urbana é preciso perceber como esses atores organizam sua vida cotidiana – o trabalho, a vida familiar, a devoção, o lazer.

São as relações que os diversos sujeitos – moradores, governo, movimentos sociais, empresariado – estabelecem entre si que produzem, conformam e transformam continuamente uma cidade. Assim, ela pode ser vista como resultado da disputa entre aqueles que a compreendem como fonte de lucro, como um negócio, e aqueles que a têm como espaço de vida, de moradia, de trabalho, de convivência. Mas, se a cidade é um espaço de disputas e de conflitos, é, do mesmo modo, lugar de conquistas e transformações.

Desde sua origem, as cidades se tornaram polos de atração: são vistas como lugar de oportunidades de trabalho, de estudo, de diversão, de cuidados com a saúde, como possibilidade de reinvenção da própria vida, embora essas expectativas muitas vezes não se concretizem. Viver nas cidades pode representar a liberdade frente a dependências tradicionais como o rígido controle social da vizinhança, da família, da obrigação de seguir o costume ou a tradição.

Em geral, costuma-se caracterizar as cidades por um estilo de vida particular dos seus habitantes, pelo ritmo agitado e intensa mobilidade territorial devido à dispersão de locais de trabalho, de equipamentos e de serviços. Isso impõe uma vida programada, esquematizada, e certa imprevisibilidade. Outros traços costumam ser associados ao estilo de vida urbano como o estabelecimento de relações impessoais que possibilitam o anonimato; a afirmação do indivíduo.

O dinamismo próprio à vida urbana envolve uma série de *ambivalências*: a proximidade física dos indivíduos coexiste com a distância social; a liberdade individual frente a dependências tradicionais, que pode potencializar diversos tipos de relacionamento, convive com certo isolamento. Com isso, as transformações na dinâmica da vida nas cidades, especialmente as maiores, têm afetado profundamente as relações de vizinhança. Dificuldades no âmbito da mobilidade urbana fazem com que as pessoas passem cada vez menos tempo em seus locais de moradia. Saem muito cedo, retornam tarde e, quando estão em casa, privilegiam o cuidado com a família, a casa, o lazer no espaço doméstico e o repouso. Isso não favorece a convivência com os vizinhos. É recorrente que vizinhos de uma mesma rua ou de um edifício mal se conheçam. Por outro lado, são cada vez mais frequentes grupos formados por afinidade de interesses que reúnem pessoas residentes em diferentes bairros ou setores, o que é potencializado pelas novas tecnologias de comunicação. Uma decorrência desses processos é o fenômeno da segregação, afastamento de contatos face a face, confinamento em ambientes e redes sociais restritos, apesar da proximidade física.

Outra ambivalência é relacionada à heterogeneidade social: a coexistência de mundos diferentes (religiões, opções políticas, valores) é simultânea à dificuldade de relacionamento entre esses mundos. Talvez a primeira exigência da vida na cidade a seus habitantes seja reconhecer e respeitar as diferenças.

Por outro lado, o estilo de vida urbano pode também fazer surgir novas formas de sociabilidade, de ajuda mútua e de solidariedade. O modo de vida urbano, ao afirmar o indivíduo, no limite pode suscitar o individualismo. Mas pode também propiciar novas possibilidades de convívio humano: contrapondo-se a essa tendência individualista, habitantes das cidades estabelecem encontros, mantêm a capacidade de se alegrar em meio às dificuldades, de festejar, e de desencadear processos inovadores no âmbito da cultura e da ação social e política.

Nas cidades é possível perceber com maior nitidez os múltiplos pertencimentos de um indivíduo, que conformam diversas identidades simultâneas: a mesma pessoa é residente de uma localidade, trabalha em determinada atividade, tem uma adesão religiosa, torce por um time de futebol. Nelas também se tornam mais visíveis fenômenos socioculturais como a desigualdade social, o pluralismo religioso, a criminalidade, os conflitos étnico-raciais, o desemprego.

A concentração de um conglomerado de pessoas em um espaço geográfico delimitado exige uma série de serviços e equipamentos que favoreçam sua existência: unidades habitacionais, infraestrutura urbana – que inclui o abastecimento de água, serviços de esgoto, fornecimento de energia elétrica, escolas, hospitais, sistema viário, transportes, policiamento, locais de lazer, comunicações, acesso a mercadorias etc. E o acesso diferenciado de segmentos da população a determinados locais, bens ou serviços pode gerar conflitos.

Uma clássica distinção entre os mundos urbano e rural é baseada na atividade econômica predominante nesses territórios: as cidades concentram os setores secundário (industrial) e terciário (serviços), com uso intensivo de tecnologia. A zona rural é destinada às atividades primárias (agricultura, pecuária, extrativismo, turismo rural, silvicultura ou conservação ambiental), caracterizando-se pela pouca concentração de pessoas e de construções. Entretanto, na atualidade, muitas vezes os limites entre urbano e rural não são facilmente identificáveis em razão da grande integração que tem ocorrido entre esses universos. Tanto há cidades voltadas quase totalmente para o apoio às atividades agropecuárias quanto há também atividades agrícolas nas cidades, como as hortas e pomares urbanos. São Paulo, a maior cidade brasileira, tem 23% de seu território destinado a atividades agrícolas (SÃO PAULO SÃO, 2017). Da mesma forma, há estabelecimentos industriais localizados fora dos perímetros urbanos.

Os modernos meios de comunicação, particularmente a televisão e a telefonia móvel, e as novas tecnologias, como a microinformática e a comunicação em redes digitais pela internet, têm reduzido as diferenças entre campo e cidade. O advento da internet móvel constitui o ápice da convergência das tecnologias digitais de informação: os modernos telefones celulares se transformaram em computadores completos. Esses meios possibilitam a disseminação de ideias, costumes e formas de agir que ultrapassam fronteiras territoriais e sociais. O acesso a essas tecnologias de comunicação e informação tem permitido que muitas pessoas, buscando melhor qualidade de vida, optem por residir em áreas rurais, mantendo atividades de prestação de serviços que antes exigiriam a permanência no espaço urbano. Não se trata tão somente da extensão do estilo de vida e de valores típicos do meio urbano (ou de uma "mentalidade urbana", como alguns afirmam) ao meio rural. Também a produção agropecuária e demais atividades do setor primário incorporam avançado conhecimento técnico-científico, ampla divisão do trabalho, racionalidade antes associada apenas ao setor urbano-industrial. Desse modo, se antes se entendia como urbano tudo o que está relacionado com a vida nas cidades e com as pessoas que nelas habitam, hoje o urbano *ultrapassa* os limites geográficos das cidades.

Portanto, o mundo urbano é um conjunto bastante diferenciado de sujeitos, elementos, circunstâncias, fatores, dinâmicas relacionados entre si. Tudo isso constitui a complexidade dos fenômenos urbanos. Refletir sobre essa realidade é um grande desafio. Diferentes disciplinas (Economia, Geografia, Sociologia, Antropologia, Urbanismo, Arquitetura, Ciência Política) com diferentes abordagens contribuem na análise das relações sociais, das relações de poder e das formas de sociabilidade presentes no mundo urbano. Elas podem subsidiar uma pastoral urbana atenta às múltiplas facetas desse universo.

2 Extensão da população urbana no Brasil

No Brasil, a ampla maioria da população está concentrada em áreas urbanas. Segundo o censo demográfico de 2010, 84,4% dos habitantes residiam nas cidades. Não há dados oficiais mais atualizados para todo o país. O censo previsto para 2020 foi postergado para 2021. Além disso, a apuração dos dados demora e em geral as informações básicas são divulgadas mais de um ano após a coleta de dados.

Outro levantamento feito pelo IBGE entre 1967 e 2015 verificava a distribuição da população por situação de domicílio (rural ou urbana) que é a Pesquisa Nacional por Amostragem de Domicílio (PNAD). A última PNAD foi realizada em 2015 e indicou que 84,7% da população estavam nas cidades. Essa pesquisa foi substituída pela PNAD Contínua, mas a situação de domicílio não está incluída entre as características da população pesquisada.

No entanto, é preciso assinalar que as duas pesquisas têm metodologia diversa. As PNADs são realizadas por amostragem, enquanto os censos se propõem a uma contagem do conjunto total da população.

De todo modo, os censos demográficos e as PNADs indicam o processo de concentração da população em áreas urbanas. O gráfico a seguir mostra que no Brasil ocorreu uma inversão ao longo do século XX: de um país predominantemente rural (em 1940, a população urbana era de apenas 31%), tornou-se um país predominante urbano (em 2010, 84% viviam nas cidades).

Taxa de urbanização brasileira

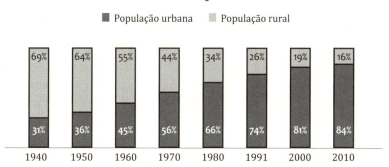

Fonte: IBGE.

Também as PNADs indicam esta tendência: a taxa de urbanização passou de 82,5% em 2005 para 84,7% em 2015 (IBGE, 2016). Há grande diferença nas taxas de urbanização quando consideramos separadamente as unidades da Federação: em 2015 o Maranhão possuía 59,6% de sua população vivendo nas cidades, o Piauí: 67,1%. No outro extremo, São Paulo tinha 96,6% residindo nas cidades e o Rio de Janeiro, 97,4% (IBGE, 2016).

Para a classificação da população entre urbana e rural, o IBGE utiliza o critério político-administrativo: os domicílios de situação urbana são aqueles localizados no perímetro urbano de uma cidade ou vila, que é definido por lei municipal. Como áreas urbanas consideram-se as áreas correspondentes às cidades (sedes municipais) e às vilas (sedes distritais). A situação rural abrange toda a área situada fora desses limites (IBGE, 2016).

Tal classificação, entretanto, pode gerar distorções na taxa oficial de urbanização, como é o caso de pequenas sedes municipais com centenas de habitantes, que apenas no Brasil são consideradas como cidades. Sua população é classificada como urbana, fazendo com que as estatísticas da taxa de urbanização do Brasil sejam infladas.

As cidades variam de acordo com seu porte. No Brasil, são consideradas cidades pequenas as que têm até 100 mil habitantes, em geral dependentes de comércio local e da movimentação da economia rural. As cidades médias têm de 100 mil a 500 mil habitantes e geralmente atuam como centro regional das cidades próximas, que dependem de seus serviços especializados. As cidades grandes têm mais de 500 mil habitantes e possuem maiores recursos estruturais.

O IBGE também faz a cada ano uma estimativa populacional. Os dados referentes a 1º de julho de 2019 indicam que havia no país 324 municípios com mais de 100 mil habitantes, e que neles estavam concentradas 120,7 milhões de pessoas, o que correspondia a mais da metade da população brasileira – 57,4%; e 48 municípios tinham mais de 500 mil habitantes, totalizando 66,5 milhões de pessoas, 31,7% da população total. No Brasil há 17 cidades com mais de um milhão de habitantes, e nelas vivem cerca de 46 milhões de pessoas (22% da população total). São Paulo, Rio de Janeiro, Brasília e Salvador são as mais populosas (G1, 2019).

Por outro lado, 2.452 municípios brasileiros (44% dos municípios) possuíam nessa data até 10 mil habitantes (IBGE, 2019); mais da metade desses municípios não chega a ter 5 mil moradores. Contavam-se 2.445 municípios (43,8%) com população entre 10 mil e 50 mil habitantes. Outros 349 municípios tinham população entre 50 mil e 100 mil pessoas. Nessa estimativa, não há dados distribuindo a população entre rural e urbana, mas sabemos que nos municípios com maior número de habitantes a maioria reside em domicílios urbanos. A dinâmica populacional também é bastante diversa: dos 5.570 municípios brasileiros, 28,6% apresentaram redução populacional entre 2018 e 2019. Praticamente metade (49,6%) teve crescimento de até 1% e apenas 4,8% (266 municípios) tiveram crescimento igual ou superior a 2%. No grupo de municípios entre 100 mil e 1 milhão de habitantes está presente a maior proporção de municípios com maior crescimento. Já os municípios com mais de 1 milhão de habitantes tiveram crescimento populacional proporcionalmente menor.

Uma metrópole é um grande centro populacional que consiste em uma grande cidade central e sua zona adjacente de influência, constituída de outras cidades menores e próximas. Uma região metropolitana é formada por um conjunto de municípios próximos entre si e são integrados socioeconomicamente a uma cidade central, a metrópole. A cidade de São Paulo tem cerca de 12 milhões de habitantes, e sua Região Metropolitana inclui 39 municípios totalizando 21 milhões de pessoas (PNAD, 2015).

Por estarem tão próximos e interligados, os serviços públicos e de infraestrutura dos municípios que compõem uma metrópole devem ser planejados regionalmente. As regiões metropolitanas são estabelecidas por legislação estadual, com o objetivo de integrar a organização, o planejamento e a execução de funções públicas de interesse comum. O Brasil conta com 38 regiões metropolitanas. Cerca de metade da população brasileira vive nessas regiões.

Essa diferenciação no tamanho das cidades brasileiras sugere que a ação da Igreja em uma pastoral urbana não pode ter um único formato, mas deve ser diferenciada dependendo do universo em que será desenvolvida.

Todos esses dados demonstram a ampla concentração da população brasileira nas cidades, mas existem diferentes critérios para definir uma cidade. A Organização das Nações Unidas adota o critério quantitativo: cidades são aglomerações populacionais superiores a 20 mil habitantes. Já os países que participam da Organização para a Cooperação e Desenvolvimento Econômico (OCDE), que são considerados desenvolvidos e concentram mais de 60% do PIB global, utilizam indicadores de densidade demográfica para classificar as regiões entre predominantemente rurais, predominantemente urbanas e intermediárias, classificação que pode ser alterada com a presença de algum núcleo urbano com mais de 200 mil ou de 500 mil habitantes. Ou seja, esse critério considera o grau de concentração/dispersão da população (SILVA, 2018). Utilizando esse critério, os Estados Unidos seriam um país menos urbano do que o Brasil, pois em 2010 tinham 81% da população vivendo em áreas urbanas. Não há estudo atualizado para definir a população urbana no Brasil utilizando a metodologia dos países da OCDE.

Como no Brasil são os municípios que definem o seu perímetro urbano, existe uma hipótese de que interesses econômicos tenderiam a ampliar as áreas consideradas urbanas, uma vez que o Imposto Predial e Territorial Urbano (IPTU) tem sua arrecadação total destinada ao município, e o Imposto sobre a Propriedade Territorial Rural é dividido entre a União e o município, e seu valor é proporcionalmente menor[1].

O próprio IBGE realizou o estudo *Classificação e características dos espaços rurais e urbanos no Brasil – uma aproximação*, publicado em 2017, com o objetivo de aprimorar os critérios utilizados na delimitação do território nacional (OLIVEIRA, 2017). A nova tipologia leva em conta a densidade demográfica, a localização em relação aos principais centros urbanos e o tamanho da população. De acordo com essa metodologia, em 2010 o Brasil teria 76% da população urbana. Os técnicos do IBGE responsáveis pelo estudo afirmam que não se trata de substituir uma metodologia por outra, tanto que o censo previsto para 2020 continuaria utilizando a delimitação legal de urbano e rural, mas de oferecer mais um tipo de classificação com base em abordagens consagradas no âmbito internacional e acadêmico. A ideia seria adotar essa classificação complementar no próximo censo.

Mesmo com essas modulações, pode-se dizer que ao menos três em cada quatro brasileiros viviam em realidades urbanas em 2010, o que por si só é um imenso desafio para o planejamento e desenvolvimento de uma pastoral urbana. Isso sem falar nas áreas não urbanas que recebem forte influência das dinâmicas que emergem das cidades.

3 A urbanização desigual no Brasil e o direito à cidade

A urbanização pode ser entendida de três formas: (a) demograficamente, o termo significa a redistribuição das populações das zonas rurais para assentamentos urbanos; (b) o termo também é usado para descrever o deslocamento do centro da vida social do campo para as

---

1. Exceto nos casos de celebração de convênio entre a Receita Federal e o município para que este passe a fiscalizar e cobrar o Imposto Territorial Rural. Nesses casos, 100% do imposto apurado fica no município.

cidades; (c) para designar a ação de dotar uma área com infraestrutura e equipamentos urbanos, como água, esgoto, gás, eletricidade e serviços urbanos como transporte, educação, saúde etc.

Houve um intenso crescimento demográfico nas cidades brasileiras nas últimas décadas e o centro da vida social há muito foi deslocado do campo para as cidades. No entanto, esse crescimento populacional não foi acompanhado pelo estabelecimento de infraestrutura urbana para a maioria da população. Uma das características da rápida urbanização brasileira é o crescimento desordenado das cidades e suas consequências sociais, dando origem a gritantes desigualdades socioterritoriais, e a marcadas distinções entre áreas centrais e periferia, entre "asfalto" e favelas. Tanto que alguns estudiosos da questão urbana e organismos internacionais chegam a caracterizar as áreas sem infraestrutura como *não-cidade* (Rolnik) ou *sub-cidade* (Maricato), ou *anti-cidade* (ONU).

Longe de ser programado, este tem sido um processo desordenado, obedecendo a um modelo de "urbanização desigual", no qual os investimentos se concentram nas regiões centrais da cidade; as regiões mais distantes crescem sem um plano prévio. E é sobretudo nas regiões periféricas onde grandes contingentes da população mais pobre, sem alternativas de moradia, se instalam, sem que isso represente uma integração efetiva no espaço urbano. Parte dessa população migrante se estabelece em áreas impróprias, como morros, manguezais, margens de rios e de mar, terrenos ou casarões abandonados, loteamentos irregulares. Em muitos casos ocupam áreas de proteção ambiental ou de risco geotécnico. Surgem, desse modo, as favelas, as ocupações, as palafitas e os cortiços. O processo de periferização aumenta a expansão horizontal das cidades, e reserva as áreas valorizadas para o mercado privado.

Essa situação é decorrente da especulação imobiliária, uma forma de investimento que consiste em adquirir imóveis na expectativa de que seu valor de mercado aumente no futuro. O processo de valorização está associado a investimentos públicos na infraestrutura e serviços urbanos da região, que aumentam o interesse por tais imóveis. Desse modo, as famílias de baixa renda não têm acesso a essas áreas.

Outra situação que também agrava a expansão das periferias é quando o poder público realiza obras de melhoria em áreas mais centrais que se encontram degradadas, e seus habitantes são removidos para locais mais distantes, ou não conseguem permanecer pela incapacidade de arcar com o aumento do custo de aluguéis e de mercadorias. É o processo que se conhece como gentrificação.

A partir da segunda metade da década de 1970, moradores de favelas e periferias de diversas cidades brasileiras passaram a se organizar para exigir melhoramentos em suas regiões. Multiplicam-se as associações de moradores e, ao mesmo tempo, a consciência de direitos. Efetivamente, em diversos locais esses sujeitos conquistaram a instalação de redes de energia, transporte, escolas etc. Muitas dessas mobilizações tiveram a participação (ou foram lideradas) por membros das Comunidades Eclesiais de Base, da Igreja Católica, em uma forma de ação eclesial nas cidades que não era chamada de pastoral urbana.

Segundo a professora Ermínia Maricato, o uso e a regulação do solo urbano é o requisito central da política urbana. É a propriedade patrimonial que sustenta a desigualdade urbana. A mobilização de diferentes atores (movimentos sociais, pesquisadores/as, ONGs) envolvidos na luta pela reforma urbana conseguiu inscrever na Constituição de 1988 a função socioambiental da propriedade urbana, o que significa que a cidade não pode ser guiada apenas pelo valor econômico da propriedade, não existe só para dar lucro ao proprietário, está sujeita a limitação, a restrições.

Entretanto, esse princípio não tem sido respeitado, e o padrão de expansão urbana em nosso país cria continuamente novas periferias, cada vez mais precárias, com deficiência de moradias, colapso do sistema de transportes, poluição, violência, subemprego. Por isso, os especialistas afirmam que a cidade não só expressa, mas também *produz* e *reproduz* as desigualdades da sociedade.

Em síntese, a cidade contemporânea no Brasil tem sido moldada prioritariamente pelo capital, produzindo e reproduzindo desigualdades. Entretanto, pessoas e grupos – constituídos a partir de uma identidade política, religiosa, artística ou outra – não ficam totalmente subordinados a essa lógica. Produzem alternativas para garantir o direito à cidade.

O exercício do direito à cidade está associado ao conjunto dos direitos humanos, que incluem os direitos civis, políticos, econômicos, sociais, culturais e ambientais. O direito à cidade se torna mais efetivo quanto mais é apoiado pelos outros direitos, e foi formulado no contexto dos fóruns sociais mundiais:

> Todas as pessoas devem ter o direito a uma cidade sem discriminação de gênero, idade, raça, etnia e orientação política e religiosa, preservando a memória e a identidade cultural. O direito à cidade é definido como o usufruto equitativo das cidades dentro dos princípios de sustentabilidade, democracia e justiça social (FÓRUM SOCIAL MUNDIAL PLURICÊNTRICO, 2006).

Por isso o direito à cidade deve ser entendido como uma cidade para todos os seus habitantes, isto é, uma cidade inclusiva, que rejeita atitudes discriminatórias e onde o respeito à diversidade se articula com o direito à igualdade. Na realidade das nossas cidades, essa articulação raramente ocorre. As diferenças frequentemente se traduzem em desigualdades, que se expressam em termos territoriais, sociais, culturais, condicionando a diferença na qualidade e no acesso a bens e serviços.

A desigualdade social e a segregação urbana estão na origem dos diversos desafios que se apresentam, hoje, nas cidades brasileiras. Destacam-se em especial os relacionados a moradia, mobilidade, violência, meio ambiente e trabalho.

As condições de moradia da maioria dos habitantes urbanos são precárias: há habitações instaladas em áreas inadequadas, sujeitas a deslizamentos e alagamentos; há habitações sem acesso aos serviços básicos; há famílias que compartilham a mesma casa por falta de opção; há ocupação de casarões e prédios abandonados e degradados; há gastos excessivos com aluguéis – quando o pagamento é igual ou superior a 30% da renda de famílias que ganham até três salários mínimos; há pessoas e famílias que vivem nas ruas. Um país continental como o Brasil não pode ter uma solução única para o problema da moradia popular, como a construção de conjuntos habitacionais nas periferias, mas precisa incluir diferentes alternativas, como melhorar as condições de favelas e de suas unidades habitacionais, recuperar prédios abandonados e degradados, aproveitar imóveis desocupados localizados em áreas que já têm infraestrutura de serviços, subsidiar aluguéis sociais. Além disso, é preciso equacionar os aspectos de moradia, trabalho, mobilidade e lazer dos moradores.

A questão da mobilidade urbana é outro desafio: nas grandes cidades, com longas distâncias entre periferias e centro, a prioridade do transporte público rodoviário e o incentivo ao uso de automóvel individual têm dado origem a intensos congestionamentos, o que aumenta o tempo de deslocamento entre a moradia e os locais de trabalho e estudo, a poluição e o número de acidentes com vítimas. Isso impacta negativamente a qualidade de vida. Já em pequenas cidades há deficiência de transporte público e muitos são obrigados a longas caminhadas para realizar suas atividades. Uma política de mobilidade urbana supõe olhar para como as atividades estão localizadas no território e como as pessoas e mercadorias se deslocam nesse território. E deve-se dar prioridade ao transporte público coletivo, não poluente, de preferência sobre trilhos, e promover a acessibilidade universal; a mitigação dos custos ambientais, sociais e econômicos dos deslocamentos de pessoas e cargas; e ainda o acesso aos serviços básicos e equipamentos sociais.

A violência não é um fenômeno social recente, nem está restrita às cidades. No entanto, é possível afirmar que suas manifestações se multiplicam no mundo urbano. O novo parece ser a multiplicidade de formas que a violência assume na atualidade – algumas especialmente graves – e sua crescente incidência chega a configurar o que se pode chamar de uma "cultura da violência". A população vive alarmada com casos de furtos, roubos, tiroteios, com os homicídios, as disputas entre facções ligadas ao tráfico de drogas, as milícias que impõem a venda de serviços de segurança, além da violência policial. As formas de desigualdade e exclusão apontadas anteriormente – e não exclusivamente a pobreza – são elementos que originam a violência urbana. Pessoas negras, indígenas, jovens, mulheres e população LGBTQI+ estão mais expostas a determinadas formas de violência no espaço urbano do que outros grupos sociais. Uma parte significativa da violência letal está relacionada à disputa por território entre facções ligadas ao tráfico de substâncias psicoativas, com o uso de armamento pesado, e aos confrontos com as forças policiais, bem como à ação de milícias e de grupos de extermínio. Trata-se de realidades presentes no cotidiano de muitas cidades brasileiras, independentemente do tamanho de sua população. O enfrentamento desse desafio não pode se resumir ao aumento do policiamento e ao confronto armado nos pontos de distribuição. É necessário combater a complexa rede de produção, circulação, distribuição e consumo de drogas, apoiada pelo tráfico de armas. Este é um negócio bastante lucrativo, por isso a repressão deve ser dirigida primeiramente aos núcleos agenciadores do tráfico internacional de drogas e armas e aos paraísos fiscais que o financiam.

O direito à sustentabilidade e ao meio ambiente ecologicamente equilibrado é continuamente violado nas cidades, com a poluição do ar, das águas, a crescente dificuldade no abastecimento de água e energia, os problemas da destinação e tratamento do esgoto sanitário e dos resíduos sólidos. A crise hídrica que muitas cidades brasileiras têm passado é resultante das mudanças climáticas, do aquecimento global, da mudança no regime das chuvas, do desmatamento do Cerrado e da Amazônia, da degradação dos mananciais e nascentes, da insuficiência do saneamento básico. No espaço urbano, se agrava com o crescimento da impermeabilização do solo e o aumento da produção de resíduos sólidos. A destruição das áreas verdes nas cidades e em seu entorno favorece o fim dos rios e prejudica o fornecimento de água. Os rios que ainda correm são contaminados pela poluição e as deficiências no saneamento básico (abastecimento de água, esgotamento sanitário e coleta de lixo) ameaçam a saúde da população, principalmente entre os mais pobres. Nos últimos anos aumentou a ocorrência de doenças transmitidas por mosquitos, como a dengue, que se tornou a doença urbana mais comum provocada por esses vetores. Um dos mais graves problemas da atualidade é o crescimento da produção de resíduos sólidos e a sua destinação, questão relacionada à lógica contemporânea de produção e consumo. O meio ambiente é impactado também pelos padrões de mobilidade urbana, indicados no desafio anterior. Outro aspecto a ser considerado é a demanda crescente por energia nas cidades. A maior parte da energia produzida em nosso país é de origem hidrelétrica, e tem causado sérios impactos socioambientais nas regiões onde é gerada. Por isso é necessário aumentar a geração de energia limpa e de fontes sustentáveis (energia solar descentralizada, eólica, maré motriz entre outras).

Ainda é preciso assinalar que existe um contingente significativo de pessoas que trabalham nas ruas das cidades, como ambulantes, carteiros, motoristas de ônibus, trabalhadores da limpeza urbana, da construção civil e da conservação de vias e serviços públicos, que são diariamente expostos a elevadas temperaturas, a poluição atmosférica e sonora, a agentes químicos. Dentre esses trabalhadores, são particularmente vulneráveis os catadores e catadoras de materiais recicláveis. Além disso, nas grandes cidades brasileiras, são identificadas cada vez mais situações de trabalho análogas à escravidão, na construção civil, no comércio, em confecções que, em geral, envolvem migrantes brasileiros ou procedentes de outros países.

Nota final

Até aqui foram apresentados alguns mecanismos e processos que conformaram as cidades brasileiras e alguns de seus desafios atuais. Nossas cidades têm sido construídas visando, sobretudo, ao investimento e ao lucro, e não para que seus habitantes vivam bem. Mesmo assim, algumas conquistas se efetivaram, em diversos níveis, pois o mundo urbano é um universo em contínua transformação pela ação humana.

O enfrentamento dos desafios do mundo urbano depende da efetiva participação do conjunto de habitantes da cidade nas decisões sobre seu destino. A construção de cidades para todas as pessoas depende da inversão de prioridades nas políticas públicas estruturais; a inversão radical dos investimentos, para atender emergencialmente e de forma maciça as periferias; a provisão de moradia para todos; a construção de um sistema integrado de transporte público; uma política de segurança pública que efetivamente proteja a população; uma política ambiental sustentável; a oferta de trabalho decente para todos.

O mundo urbano pode ser um lugar de Bem Viver. A Igreja Católica, em especial por meio das CEBs, tem exercido um papel significativo nesse processo com sua experiência de vivência comunitária, reforçando laços de sociabilidade e com seu histórico envolvimento pelo direito de todos e todas à cidade, em aliança com outras forças sociais. As CEBs têm dado uma efetiva contribuição para o Bem Viver nas cidades, promovendo um conjunto de iniciativas que se opõem ao individualismo, à indiferença e ao distanciamento entre as pessoas, rechaçando as formas de intolerância, inclusive a religiosa. E também contribuem para a afirmação de valores contrários ao consumismo e à desumanização.

Para que a pastoral urbana seja efetiva, seus agentes precisam compreender a dinâmica que move o mundo urbano. Precisam ainda reconhecer, apoiar e assimilar a contribuição que as CEBs têm dado para afirmar o direito à cidade em nosso país.

Referências

ABONG & OBSERVATÓRIO DA SOCIEDADE CIVIL. *Caminhos para um desenvolvimento justo* – A sociedade civil na linha de frente da luta socioambiental. São Paulo, 2015.

BRASIL – CONSELHO DAS CIDADES. *A função social da cidade e da propriedade*: cidades inclusivas, participativas e socialmente justas. Texto de referência para a etapa municipal da VI Conferência das Cidades, 2015.

COMBLIN, J. "Viver na cidade". In: BEOZZO, J.O. (org.). *Curso de Verão Ano VIII*. São Paulo: Ceseep/Paulus, 1994, p. 57-97.

FERREIRA, J.S.W. "São Paulo: cidade da intolerância ou o urbanismo 'à brasileira'". *Revista Estudos Avançados* – Dossiê São Paulo, vol. 25, n. 71, jan.-abr./2011, p. 73-88.

FÓRUM SOCIAL MUNDIAL POLICÊNTRICO. *Carta mundial pelo direito à cidade*, 2006 [Disponível em http://www.polis.org.br/uploads/709/709.pdf – Acesso em 31/01/2020].

G1. "Brasil atinge 210 milhões de habitantes, diz IBGE". In: *G1 Economia*, 28/08/2019 [Disponível em https://g1.globo.com/economia/noticia/2019/08/28/brasil-atinge-210-milhoes-de-habitantes-diz-ibge.ghtml – Acesso em 20/01/2020].

IBGE [Coordenação de População e Indicadores Sociais]. *Síntese de indicadores sociais*: uma análise das condições de vida da população brasileira 2016. Rio de Janeiro, 2016 [Disponível em https://biblioteca.ibge.gov.br/visualizacao/livros/liv98965.pdf – Acesso em 30/01/2020].

_____. *Censo demográfico 2010* – Características da população e dos domicílios: dados do universo. Rio de Janeiro, 2011 [Disponível em http://biblioteca.ibge.gov.br/visualizacao/periodicos/93/cd_2010_caracteristicas_populacao_domicilios.pdf – Acesso em 30/01/2020].

MARICATO, E. "É a questão urbana, estúpido!" In: *Cidades rebeldes* – Passe Livre e as manifestações que tomaram as ruas do Brasil. São Paulo: Boitempo/Carta Maior, 2013, p. 19-26.

NOGUEIRA, P.R. "David Harvey: 'Nós estamos construindo cidades para investir, não para viver'". In: *Seminário Cidades Rebeldes*. São Paulo, 10/06/2015 [Disponível em http://portal.aprendiz.uol.com.br/2015/06/10/david-harvey-nos-estamos-construindo-cidades-para-investir-nao-para-viver/ – Acesso em 25/01/2020].

OLIVEIRA, N. "Nova proposta de classificação territorial do IBGE vê o Brasil menos urbano". In: *Agência Brasil*, 31/07/2017 [Disponível em http://agenciabrasil.ebc.com.br/geral/noticia/2017-07/nova-proposta-de-classificacao-territorial-do-ibge-ve-o-brasil-menos-urbano – Acesso em 08/02/2020].

ROLNIK, R. "A questão urbana no Brasil contemporâneo". In: RODRIGUES, S.S. (org.). *CEBs e mundo urbano* – Perspectivas no pontificado de Francisco. Rio de Janeiro: GraVida, 2016, p. 15-23.

_____. "Remoções forçadas em tempos de novo ciclo econômico". In: *Agência Carta Maior*, 12/08/2012 [Disponível em http://cartamaior.com.br/?/Editoria/Politica/Remocoes-forcadas-em-tempos-de-novo-ciclo-economico%0d%0a/4/25808 – Acesso em 31/01/2020].

_____. *O que é cidade*. São Paulo: Brasiliense, 1988 [Coleção Primeiros Passos, n. 203].

SÃO PAULO SÃO. *Você conhece mesmo a Zona Rural de São Paulo?*, 01/09/2017 [Disponível em https://saopaulosao.com.br/conteudos/recomendados/198-voce-conhece-mesmo-a-zona-rural-de-sao-paulo.html – Acesso em 25/01/2020].

SECRETARIADO DO XIV INTERECLESIAL DAS CEBS. *CEBs e os desafios no mundo urbano*. Londrina, 2017.

2
A cidade como um modo de vida
Em busca de redes de comunicação humanizadas

*Magali do Nascimento Cunha**

A cidade é um modo de vida. Ela é um lugar multifacetado no qual fluxos de comunicação e esperanças imaginadas se combinam na busca por uma vida sustentável.

David Harvey sugere que, atualmente, "a questão de que tipo de cidade queremos não pode ser divorciada do tipo de laços sociais, relação com a natureza, estilos de vida, tecnologias e valores estéticos desejamos" (HARVEY, 2012, p. 74). Harvey cita o sociólogo Robert Park que define a cidade como "a tentativa mais bem-sucedida do homem de reconstruir o mundo em que vive o mais próximo do seu desejo. Mas, se a cidade é o mundo que o homem criou, doravante ela é o mundo onde ele está condenado a viver. Assim, indiretamente, e sem qualquer percepção clara da natureza da sua tarefa, ao construir a cidade o homem reconstruiu a si mesmo" (PARK, apud HARVEY, 2012, p. 73).

A lida com grandes distâncias, com intensa velocidade, com aglomerações e relações voluntárias e involuntárias em termos de trabalho, serviços e lazer, traz para os habitantes da cidade uma tensão permanente entre interior e exterior, individual e coletivo. Nesse sentido,

---

* Doutora em Ciências da Comunicação, coordenadora do Grupo de Pesquisa Comunicação e Religião da Sociedade Brasileira de Estudos Interdisciplinares da Comunicação (Intercom). Jornalista, editora-geral do Coletivo Bereia – informação e checagem de notícias, colaboradora do Conselho Mundial de Igrejas.

a cidade estimula e constitui um modo de vida que estabelece um tipo de individualidade que marca a relação com o coletivo, assentada na impessoalidade, no anonimato, na indiferença (cf. SIMMEL, 1973).

Essa individualidade construída no modo de ser da cidade, ainda que com toda pluralidade característica dos aglomerados (cf. RIBEIRO, 2003), é base para desigualdades sociais (responsabilidade de um Estado de bem-estar social em falta com investimentos públicos na cidade no seu todo), com a restrição ao acesso aos serviços urbanos para parcelas dos habitantes (comprovadamente empobrecidas, negras, das periferias geográficas). É base, ainda, a intolerância social, de classe, racial, cultural contra essas mesmas parcelas dos habitantes da cidade (cf. FERREIRA, 2011).

No tocante às religiões, grupos diversos, antes confinados ao silêncio do anonimato privado, ocupam agora, de forma intensa, o espaço público, reconfigurando identidades, confrontando valores e, sobretudo, ampliando seus espaços sociais. Nas ruas, nas praças, nas areias das praias e nas avenidas, a paisagem urbana convive com marchas, jornadas, megatemplos, processos de comunicação que diluem a clássica fronteira entre o sagrado e o profano.

Neste capítulo, a reflexão sobre a cidade como um modo de vida será centrada na busca de redes de comunicação humanizadas como chave para superação da individualidade da impessoalidade, do anonimato e da indiferença, que é alimento para as desigualdades e a intolerância.

Para isso, será tomada a metodologia latino-americana: ver-julgar-agir. Quando "vemos" o que está diante de nós, que estamos imersos na chamada "cultura da convergência" no mundo global, refletimos sobre a cultura que possibilita transformações no modo de ser e viver nas cidades, e que traz mudanças significativas para a comunicação humana. A essa reflexão se dedica a primeira parte deste capítulo. A segunda parte apresenta o "julgar", abordando os aspectos críticos relacionados à midiatização das relações humanas, sentido que revela um retrato da cultura das cidades por meio da teologia latino-americana. A última parte do capítulo, o "agir", aponta para possibilidades de ações concretas para a humanização dos processos de comunicação que envolvem a vida nas cidades.

A reflexão teológica que ajuda a "julgar" se baseia na teologia da comunicação, que vê a comunicação como uma dádiva de Deus criador aos seres humanos para permitir a vida em comum com a harmonia, a justiça e a paz com toda a criação. No entanto, homens e mulheres também foram corruptores desse projeto criativo de Deus. A comunicação humanizadora, para a comunhão, é frequentemente substituída por atitudes de competição, ciúme, tensões, inveja, ganância, guerras.

O Livro do Gênesis trata do dom de comunicação de Deus e dessa condição humana. É nesse contexto que emerge a narrativa da Torre de Babel: um projeto de construção de uma cidade e uma torre que faria um célebre grupo humano dominar sobre os outros ("para que não sejamos espalhados por toda a terra", Gn 11,4). Um projeto de dominação e concentração de alguns sobre os outros – sem harmonia, sem justiça, sem paz. Uma narrativa da corrupção humana do dom de comunicação de Deus: "em toda a terra havia apenas uma linguagem e um modo de falar". Unidade imposta pelo projeto de dominação e concentração: um único modo de falar – a linguagem do poder de alguns sobre os outros. A ação de Deus sobre os construtores da torre é uma bênção: comunicação/comunhão não é singularidade ou homogeneidade; comunicação/comunhão é diversidade e diferença. Viver na unidade, na justiça e na paz, no contexto da cidade, é aprender com diversidade e diferença, especialmente em tempos de cultura de convergência no mundo global marcado pela urbanização.

1 Ver o que está diante de nós

Um dos maiores fenômenos sociais do século XX em todo o mundo, o crescimento urbano atingiu no Brasil do ano 2000 (de acordo com o censo do IBGE daquele ano) a taxa de 81,25%. Muito tem sido estudado sobre esse fenômeno tanto no campo da sociologia e da antropologia quanto no da arquitetura e do urbanismo. Como fenômeno, a urbanização contemporânea representa não só a ampliação de cidades e o surgimento de metrópoles e megalópoles, mas também a criação de estruturas, funções e modos de vida. A atenção dos estudos tem-se voltado para as transformações da própria concepção do urbano e da cidade nesse contexto. Há quem questione o próprio conceito de cidade, indagando-se a respeito de sua defasagem perante a complexidade do mundo urbano contemporâneo (cf. HABERMAS, 1987).

Um significativo número de estudos tem apontado para os efeitos na degradação da vida: *deficit* de moradia e de emprego, colapso nos sistemas básicos de abastecimento de água e luz, de esgotamento e de transporte, altos índices de poluição do ar e do som, de criminalidade. Esses efeitos têm produzido, segundo os analistas, anticidades.

A Conferência Habitat II, realizada em 1996 em Istambul, Turquia, segunda edição da conferência promovida pela ONU em 1976 para discutir os assentamentos humanos no planeta, dedicou atenção à questão urbana, tendo em vista políticas para o século XXI. Para a conferência, foram criados indicadores a fim de analisar os assentamentos humanos e formular soluções para os problemas. Um dos maiores obstáculos identificados foi a falta e as péssimas condições de moradia. Ao tratar o tema da violência urbana, São Paulo foi indicada como exemplo de anticidade. O medo da violência serviu de base para a indicação, pois mudou a cidade ao "tirar" as pessoas das ruas, que passaram a dar preferência a *shoppings* ou condomínios fechados. Outros exemplos de anticidades são: a pobreza, a má distribuição de renda, a desagregação familiar e as aglomerações urbanas (cf. FERNANDES, 1998).

Essa degradação da vida e a formação das sociedades pós-industriais no mundo urbano contemporâneo delineiam um novo modo de vida nas cidades, que pode ser sistematizado nas seguintes características: surgimento de "não-lugares", surgimento das tribos urbanas, predomínio de novas tecnologias de comunicação e do audiovisual, pluralismo étnico (migrações), segregação, privatização da vida coletiva, individualismo e fuga de contatos face a face, confinamento em ambientes e redes sociais restritas, consumo permanente de bens e investimento privado em espaços culturais e de lazer (cf. MAGNANI, 1999; MARTIN-BARBERO, 1998).

O não-lugar é um conceito criado por Michel de Certeau (1994) para referir-se às novas relações com o espaço na cidade. O "não-lugar" é a "maneira de passar" dos habitantes da cidade. A cidade se transformou, para Certeau, em um pulular de passantes, na circulação incessante de pessoas – "Caminhar é falta de lugar".

Marc Augé (1994) desenvolve a noção criada por Certeau, atribuindo-a como fruto da supermodernidade. O não-lugar é o não-lar, o não-privado. São espaços públicos de circulação como meios de transporte e suas estações de embarque e desembarque, os hotéis, supermercados e centros comerciais. Quem habita o não-lugar está acompanhado; mas, ao mesmo tempo, está sozinho. Para habitar não-lugares uma coleção de símbolos é criada na supermodernidade: tíquetes, cartões magnéticos (de crédito, de telefone). Nos modos de vida que se criam no urbano, o não-lugar também se transforma em lugar, pois é passível de constituição de relações nele (juventude que frequenta *shoppings*, por exemplo; ou idosos em fila de bancos ou supermercados que criam comunidades).

As tribos urbanas (cf. MAFFESOLI, 1998) são fruto da diversidade étnica, religiosa, do nível de condição financeira, de escolaridade do urbano contemporâneo. Ao mesmo tempo em que as estruturas urbanas impõem massificação, possibilitam a diversificação e a pluralidade. É aqui que surgem as tribos urbanas, organizadas a partir do compartilhamento de estilos de vida, resultado de uma necessidade de pertencimento, formados por atitudes, padrões de consumo, gostos, crenças e vínculos de sociabilidade. Maior destaque é dado a tribos como *punks* e *drag queens*, expostas como exemplos do mundo urbano contemporâneo. Mas há, por exemplo, no Brasil, os grupos de *rap*, de capoeira, os surfistas.

Nesse sentido, há diferentes formulações conceituais de cultura urbana. Uma delas parte do princípio antropológico restrito, descritivo. Um exemplo é o conceito elaborado por José Guilherme Cantor Magnani: "o conjunto de códigos induzidos por, e exigidos para o uso de equipamentos, espaços e instituições urbanas e responsáveis pelo desempenho das formas de sociabilidade adequadas" (MAGNANI, 1999, p. 58).

Outras formulações, com base na concepção de cultura como modo de vida, adicionam ao conceito antropológico restrito elementos como as estratégias locais de vida e sobrevivência nos assentamentos urbanos; as normas, os direitos, os deveres, os costumes, a linguagem, os comportamentos, as perspectivas criados e negociados nos domínios do público e do privado do mundo urbano (cf. CERTEAU, 1994; AUGÉ, 1994). Ao referir-se à cultura urbana, este estudo se orienta pela segunda perspectiva, compreendendo-a como os modos de estar na cidade, os modos como os habitantes das cidades experimentam a dinâmica sociocultural do espaço que habitam.

Outro tipo de análise se dedica ao estudo dos efeitos da vida na Contemporaneidade e da globalização sobre as cidades, que as identifica como sociedades pós-industriais. Nelas há a ruptura com os modelos urbanos modernos, em especial no que se refere às formas de comunicação e interação social, resultado de um salto tecnológico proporcionado em especial pelas novas tecnologias de comunicação e informação (cf. CANCLINI, 1996). É nessa dimensão que o olhar deste estudo passa a se deter.

Transformações na capacidade humana de comunicar possibilitaram mudanças em diferentes aspectos relacionados à vida humana: relacionamentos, atos de informar e buscar informações, educação, entretenimento, consumo. Por meio dessas mudanças, receptores se tornam protagonistas – papel que até poucas décadas atrás era dos emissores (cf. HALL, 2006).

Na Contemporaneidade, essa característica do receptor é intensificada devido ao desenvolvimento da sociedade da informação e dos processos interativos, ou seja, ações que marcam a recepção são potencializadas com a possibilidade de interatividade. Isso significa que o receptor desenvolve a capacidade de se tornar um emissor e se relacionar mais intimamente com os emissores. Dois elementos sinalizam esse processo sociocultural e econômico: os computadores (e mais particularmente a internet) e os *smartphones* (aparelhos telefônicos "inteligentes" que combinam recursos de computadores pessoais por meio de aplicativos).

A ideia de convergência parece explicar essa dinâmica: a viabilidade em grande escala dessas tecnologias em um único dispositivo para acessar várias redes e serviços (cf. JENKINS, 2008). Em outras palavras, há diferentes funções e mecanismos de comunicação envolvidos/inseridos (convergentes) em uma única máquina, possibilitados pela tecnologia digital. Essa convergência permitiu a expansão da capacidade das mídias: há um encontro entre as mídias analógicas tradicionais e as mídias digitais, produzindo interconexões e gerando novos produtos e meios de obtenção de informações.

Para que a participação se torne eficaz, surgem as ferramentas que facilitam a ação dos usuários-emissores – blogues, podcasts, wikis, fóruns de discussão, mídias sociais. Eles não trabalham para a centralização da informação, não estão necessariamente ligados às empresas de comunicação, não se limitam a enviar apenas informações, não são ligados a publicidade e *marketing*, não são concessões estatais e não estão limitados às necessidades de cobertura geográfica. Essa cultura de participação que promove mídias convergentes transforma os processos de comunicação com a possibilidade de ampliação do acesso a diferentes ideias e opiniões e recriação de mensagens.

Foi o pesquisador Henry Jenkins que, atento a esse contexto contemporâneo, criou a expressão "cultura de convergência" para criticar a concentração da atenção na "convergência das mídias" e chamá-la para o que considera fundamental nesse fenômeno, algo que não diz respeito apenas às tecnologias ou transformações industriais, mas que se refere à cultura, ao modo como as sociedades vivem. Jenkins se mostra interessado na dinâmica social a partir dessas novas possibilidades trazidas pelo digital e suas combinações. Por isso o autor questiona que convergência diga respeito apenas a aparelhos com múltiplas funções e destaca que ela estimula novas conexões midiáticas já que os usuários se sentem capazes de irem, eles próprios, em busca de informação, e mais: de transmitir a sua própria. Por isso, Jenkins assim define convergência: "fluxo de conteúdos por meio de múltiplos suportes midiático à cooperação entre múltiplos mercados midiáticos e ao comportamento migratório dos públicos dos meios de comunicação, que vão a quase qualquer parte em busca das experiências de entretenimento que desejam" (JENKINS, 2008, p. 27).

Essa cultura de participação que a mídia convergente promove e transforma os processos de comunicação com a possibilidade ampliada de acesso a diferentes ideias e opiniões e recriação de mensagens.

Jenkins não despreza o aspecto de *marketing* que está presente nessa experiência de comunicação, porque todas as informações que são acessadas ou criadas podem ser (e foram) transformadas em produtos de consumo.

As cidades são o palco dessas transformações. A era industrial e a consolidação da Modernidade no século XVIII impulsionam a urbanização em escala global. O século XX pavimentou o terreno para que, no século XXI, as novas tecnologias de comunicação e informação delineassem novas formas de viver o urbano, para além da comunicação interpessoal para uma gestão de cidades por meios digitais. No presente, as tecnologias e redes sem fio tornam possível novas transformações sociais, novas práticas culturais e novos desenhos no espaço urbano. As cidades entram na era da convergência. Com isso surge a denominação "cidades digitais", que são as cidades da globalização, onde as redes digitais fazem parte da vida cotidiana e constituem-se como infraestrutura básica e hegemônica (cf. LEMOS, s.d.).

2 Julgar pela Palavra de Deus: a teologia da comunicação

A palavra latina *comunicare* significa "tornar algo comum", a ação de tornar ideias (conhecimento, informação, opiniões) e sentimentos comuns. Aqui reside uma dimensão do *inter*. A partir do momento em que o ser humano torna comuns as ideias e os sentimentos, o *inter* surge muito fortemente: o interpessoal, o intergrupo, intimamente relacionado à dimensão do diálogo. O diálogo também se refere ao encontro e à aproximação, troca (cf. WOLTON, 2006).

Portanto, aqui vemos elementos que compõem esse significado de comunicação. As ciências humanas e sociais nos ensinam que eles fazem parte da condição humana: o ser humano, como ser social, não existe para viver sozinho; ele só sobrevive na relação com outros seres. Para existir, homens e mulheres precisam conviver, gozar de companheirismo, comunhão, então comunicação é a possibilidade de concretizar tudo isso, incluindo a diversidade que é da natureza da humanidade. Portanto, o ser humano sempre procura maneiras de se comunicar além de si mesmo e de estender a possibilidade de comunhão além das fronteiras geográficas. Consequentemente, surgem as mídias como extensão dos seres humanos (cf. McLUHAN, 1974).

A comunicação humana em todas as suas formas é inerente ao ser humano e à sua necessidade de conviver. Isso é reconhecido nos parágrafos acima. No entanto, a tendência humana de concentrar em vez de tornar as coisas comuns e de dominar sobre o Outro Igual, em vez de compartilhar a solidariedade, deve ser levada em conta nesse processo. É por isso que os projetos de participação nas mídias, por meio da cultura da convergência, inconscientemente ou não, revelam a contradição humana.

Quando lançamos um olhar sobre essa dinâmica sob a ótica da fé, podemos basear nosso entendimento na teologia da formação do ser humano na criação do mundo, conforme narrado em Gn 1–4. Uma forte imagem vem de Gn 2,18: "Não é bom que o homem esteja só". Muitas vezes, esse texto é lido nas comunidades cristãs nas celebrações do casamento para falar da união entre homem e mulher, mas aqui é importante destacar que a narrativa se refere a dimensões muito mais profundas.

Quem quer que estude o texto em sua versão hebraica perceberá que a palavra-chave nessa passagem é *adam*: "não é bom que *adam* esteja sozinho". Em hebraico, *adam* não significa "homem", o ser homem, os humanos do sexo masculino, como as traduções comuns popularizam o termo. *Adam* significa humanidade, o ser humano no coletivo. Para o humano masculino há uma palavra hebraica apropriada, *ish*, como há uma palavra para mulher, para o humano feminino, *isha*. Essas duas personagens, mulher, *isha* e homem, *ish*, são mencionadas na narrativa da criação do mundo. No entanto, em Gn 2,18, *adam* se refere à humanidade, os seres humanos, aqueles que vêm da *adamah*, a terra, em hebraico. *Adam*, o ser humano que emerge da terra, é criado a partir dele, homem e mulher, ambos (cf. RUIZ, 2003).

Fundamentada nessa inspiração teológica, é possível identificar a profunda compreensão presente em Gênesis que se refere ao ser humano e às relações humanas: "não é bom que *Adam*, o ser humano/a humanidade, esteja só". No entanto, os tradutores clássicos do texto bíblico optaram pela generalização tradicional (sexista) da linguagem, usando o "homem" masculino para tratar o todo, e o texto se torna "não é bom que o homem esteja só". Nessa conotação, um homem que não deveria estar sozinho deveria procurar uma mulher por companhia, o que esconde o rico sentido da narrativa original: *adam* como homem e mulher não deveria estar sozinho. A humanidade tem vocação para viver em coletivo; um presente de Deus, o Criador.

Portanto, as noções científicas de antropologia, sociologia, psicologia, biologia, de que os seres humanos precisam uns dos outros (a condição humana de existir como ser social) e que precisam se comunicar para viver coletivamente, se refletem em Gn 2,18: Deus criou o ser humano com a vocação de viver coletivamente, em meio às diferenças entre homens e mulheres, entre diferentes grupos. Além disso, só é possível viver no coletivo por meio da comunicação humana.

No ato criador de Deus, existe uma condição humana: para existirem, homens e mulheres têm que viver, desfrutar de companhia, comunhão e, por isso e para isso, comunicar com toda a diversidade, e isso está no coração da criação. A raiz "com" está em todas essas palavras e carrega em si própria o mesmo sentido da coletividade. A comunicação, portanto, é inerente à condição humana e promove o encontro da palavra filosófica, que afirma que o ser humano "é" comunicação, com a palavra teológica.

Seres humanos não apenas se comunicam ou têm comunicação: eles são comunicação porque já nasceram com tal capacidade/dom. Desde que é recém-nascido, embora incapaz de articular o pensamento, o ser humano já se comunica: o bebê chora, manifesta alegria, calma, preocupação, aborrecimento, porque essas expressões já são inerentes à própria condição humana: o ser humano é comunicação.

Da comunhão à competição

Uma teologia da comunicação também deve refletir que o ser humano corrompe esse projeto criador de Deus. O Criador diz: "Não é bom que o ser humano esteja só". Em outras palavras, homens e mulheres devem viver bem, em harmonia, em paz, compreenderem-se uns aos outros, comunicarem-se, aproximarem-se, aprenderem uns com os outros, mas o ser humano corrompe esse plano divino quando decide tomar o lugar de Deus.

De acordo com a narrativa da criação, a humanidade decidiu comer o fruto da árvore do conhecimento do bem e do mal, propriedade de Deus e vedada aos seres humanos (Gn 3). No entanto, decidiu comer o fruto, obter o conhecimento de Deus, ser igual a Deus e corromper o projeto divino. Por causa disso, os humanos passam a não se entender mais: a continuação da narrativa é a história de Caim e Abel, na qual um irmão mata o irmão, uma consequência do desejo de possuir o conhecimento de Deus – competição, ciúmes, tensões e muros construídos entre os seres humanos.

O Gênesis trata a condição humana como comunicativa por excelência. A condição humana é ter comunhão, comunicar-se, viver em harmonia; mas, em contradição, do projeto humano vem a corrupção do projeto divino. Abel e Caim passam a estar entre homens e mulheres; dentro do ser humano passa a existir a luta entre comunhão e barreira, entre aproximação e destruição do outro, entre companheirismo e competição.

É nesse contexto que o Gênesis traz outra narrativa, a da Torre de Babel. Refere-se a um projeto de construção de uma cidade em um terreno plano e, ali, uma torre que faria um grupo celebrado, buscando ser como Deus (de novo) uma vez que alcançaria, pela torre, os lugares altos da morada de Deus. O grupo se concentraria naquele mesmo lugar para dominar os outros ("para que não sejamos espalhados sobre a face de toda a terra", Gn 11,4). Um projeto de dominação e concentração de uns sobre os outros – de uma cidade sobre a outra ou de uma cidade sobre o campo, que era o contexto em que o texto foi produzido (cf. SCHWANTES, 2002).

Torres, historicamente, foram projetos de controle militar, especialmente no tempo da narrativa, sob o domínio do Império Babilônico. Um exemplo de projeto que corrompe o desejo divino de comunhão e harmonia entre a humanidade.

Milton Schwantes (2002) chama a atenção para esse texto como uma narrativa da corrupção humana no plano divino. Ele indica que, no capítulo 11, há um exemplo disso: "E toda a terra era de uma só língua e um só discurso" (Gn 11,1). Isso representa uma unidade imposta pelo projeto de dominação e concentração: um único modo de falar – o poder da linguagem de uns sobre os outros.

É por isso que Deus, o Criador, aparece no texto para reconhecer isso (Gn 11,6): "Eis que o povo é um e todos têm uma só língua; e isto é o que começam a fazer; agora não haverá restrição para tudo o que eles intentarem fazer". O texto diz que Deus desce para ver a cidade e a torre (afinal, Deus está muito acima desses projetos humanos...) e decide falar, também no plural: "Vamos descer, e lá confundir sua linguagem, para que eles não entendam um a língua do outro" (Gn 11,7). E o texto continua: "Assim o Senhor os espalhou dali sobre a face de toda a terra; e cessaram de edificar a cidade. Por isso se chamou o seu nome Babel" (Gn 11,8-9). Babel, Babilônia: o nome do dominador, o opressor, que, no contexto do Gênesis, Deus dispersou e confundiu a única língua de concentração e dominação para garantir a diversidade. É na diversidade que o projeto de Deus é implementado e não na linguagem única dos seres humanos que buscam alcançar a altura de Deus. Portanto, a diversidade de línguas pode ser vista não como uma maldição, mas como a ação de Deus por justiça e paz na vida coletiva entre a humanidade.

Onde estão as divergências?

Essas bases teológicas contribuem para o discernimento e para ações frente à realidade da cultura de convergência no contexto das cidades. Como já mencionado, é inegável que a convergência e suas consequências são o resultado da busca humana pela capacidade de se comunicar e possibilitar o "inter", o comum. Tudo é resultante do dom dado por Deus ao ser humano, com vistas ao seu projeto humanizante, de comunhão, encontro e solidariedade.

No entanto, não devemos esquecer que os seres humanos têm a tendência de corromper o projeto divino e implementar seus próprios projetos de se tornarem como Deus e se concentrarem e dominarem os outros, em vez de estarem uns com os outros, em solidariedade. É por isso que os projetos de participação nas mídias, que passam pela cultura da convergência, inconscientemente ou não, revelam essas contradições humanas.

As pessoas comunicam fortemente pelas mídias convergentes a banalização do lazer e do entretenimento, a exclusão social e cultural, a incitação à violência simbólica e moral, a prática do abuso sexual, o consumismo. É fato que as pessoas ganham mais acesso e interação com informações e entretenimento. No entanto, em grande parte, o conteúdo tem sido composto de abordagens de baixo nível a valores socioculturais (incentivo à trapaça, à competição e ao desprezo pelos outros e à vulgarização da vida); livres expressões de intolerância: racismo, sexismo, discriminação de pessoas com deficiência e de pessoas que vivem em áreas periféricas (geralmente aquelas com menos acesso a veículos convergentes), de submissão de culturas consideradas inferiores que carecem de espaço para maior expressão; agressão moral (o chamado *cyberbullying*); pedofilia; pornografia; apelo exacerbado ao consumo.

Dominique Wolton alerta:

> Quanto mais as mensagens se globalizam, mais as diferenças culturais da comunicação se afirmam. O risco é, evidentemente, a defasagem crescente entre, de um lado, a dimensão técnica e econômica da comunicação, e, de outro, a dimensão social e cultural. Seis bilhões e meio de computadores não bastariam de modo algum para assegurar mais comunicação entre os homens. Quanto mais fáceis se tornam as trocas do ponto de vista técnico, mais se torna essencial e difícil satisfazer as condições culturais e sociais para que a comunicação seja algo diferente de uma transmissão de informação. Foi o que chamei, referindo-me à internet, de "risco das solidões interativas".

> Em outras palavras, quanto mais mensagens estiverem em circulação, mais nos confrontamos com dois problemas: aquele das condições a satisfazer para um mínimo de comunicação autêntica; e aquele do respeito, que vai além da técnica e da economia, à diversidade cultural (WOLTON, 2006, p. 17-18).

Além disso, do ponto de vista do mercado e da indústria das comunicações, marcado por conglomerados, oligopólios, a convergência é concentração: foco/convergência para dominar. Nesse caso, há a negação da diferença/diversidade como um valor na existência humana, uma negação da possibilidade do diferente. O poder que destaca a indústria das comunicações reflete o poder imperial político-econômico-cultural estabelecido no mundo. De quais países são as empresas que controlam o mercado de comunicação? Qual idioma prevalece nessas tecnologias e suas ferramentas? (cf. GOIS, 2008).

Outra semelhança com Babel: concentração de poder e dominação e "todos falando a mesma língua" para fazer parte do sistema. Essa é a Babel vivida nas cidades contemporâneas da convergência que promovem a negação da diversidade cultural, começando com a única língua do mercado global, o inglês, seguido pelo que prevalece nas artes, nas notícias, nos conteúdos educacionais, nos valores que se referem ao individualismo, ao consumismo e à concorrência. "Ontem não conseguíamos nos comunicar por falta de técnicas apropriadas. Hoje, elas pululam, mas não nos compreendemos melhor. [...] Hoje em dia todo mundo vê tudo ou quase tudo, mas percebe, ao mesmo tempo, que não compreende melhor o que acontece. A visibilidade do mundo não basta para torná-lo mais compreensível. Mesmo onipresente, a informação não pode explicar um mundo percebido como mais complexo, mais perigoso, menos controlável e em que as diferenças culturais e religiosas se exacerbam. O fim das distâncias físicas revela a incrível extensão das distâncias culturais" (WOLTON, 2006, p. 19).

Além disso, a competição de mercado pelo controle da mídia convergente e pela extração de mais incentivos ao consumismo traz a questão da privacidade. Se, por um lado, a interação entre os usuários é positiva, com troca de informações, imagens e dados, por outro, as atitudes das empresas são preocupantes. Montam-se bancos de dados com base nos hábitos de navegação e nas informações que o usuário fornece na rede. Pessoas nem sempre percebem a dimensão de quanto estão se expondo (cf. LEMOS, 2007).

Além de tudo isso alimentar ainda mais a desigualdade que marca a vida nas cidades.

3 Agir em nome do projeto divino: o desafio da fé em dimensão pública

Esta é uma realidade em mudança, uma dinâmica cujos movimentos devem ser monitorados de perto com todas as suas nuanças. Importa aqui recuperar o desafio do pesquisador Douglas Kellner que, ao estudar as mídias tradicionais, se refere a elementos relevantes para a realidade das mídias convergentes: "a mídia e a cultura podem ser transformadas em instrumentos de mudança social. Para tanto, é preciso dar mais atenção à mídia alternativa do que se fez até agora, refletindo-se mais sobre o modo como a tecnologia da mídia pode ser reconfigurada e usada em favor das pessoas. Essa tarefa implica o desenvolvimento de um ativismo capaz de intervir na televisão de acesso público, na rádio comunitária, nos meios de comunicação por computador e em outros domínios que hoje estão surgindo. Para obterem uma participação genuína, as pessoas precisam adquirir conhecimentos sobre a produção da mídia e sobre a criação de produtos divulgáveis. A intensificação do ativismo na mídia poderia ampliar significativamente a democracia, com a proliferação de novas ideias e com a possibilidade de manifestação das opiniões até agora silenciadas ou marginalizadas" (KELLNER, 2001, p. 426).

Essa reflexão leva à questão das relações humanas nas cidades e do desafio da comunicação. Pessoas capazes de informar, transmitir e se expressar, transformadas em receptores ativos, usuários interativos da mídia, não representam elementos suficientes para realizar a comunicação que promove interação e comunhão nas cidades. Como observado nesse estudo, a comunicação é encontro, comunhão, verbal e não verbal, interpessoal ou social; para ser plenamente alcançada, não pode limitar-se à transmissão de ideias, mas implica o Outro Igual e uma relação autêntica com ele/ela. "O encontro pode ocorrer no silêncio; ao passo que, inversamente, o jovem que anda na rua multiconectado poderá se revelar incapaz de dizer 'bom dia' ou 'obrigado' a quem cruzar com ele. Do mesmo modo, um adulto 'livre' e 'moderno' poderá ser incapaz de ouvir as palavras de indivíduos que não compartilham suas opiniões" (WOLTON, 2006, p. 31).

Assumir, portanto, a fé em dimensão pública significa avocar uma compreensão de comunicação que seja plena, abrangente, ecumênica, e que vise à inserção cristã nos espaços urbanos plurais, o que implica participação de cada cristão/cristã como cidadão/participante das cidades (cf. CASTRO, 2000). Isso quer dizer assumir o lugar social da Igreja, que não pode ser um corpo isolado, um espaço privado a mais, e deve estar centrada nos três elementos que sinalizam a presença do Reino de Deus no mundo: o *kerygma*, a *diakonia* e a *koinonia* (cf. CUNHA, 2006). E sinalizar o Reino de Deus é a maior tarefa cristã no espaço público.

Anunciar os valores do Reino e sua justiça (que caminham na contramão de todo individualismo, consumismo e exclusão), trabalhar em todas as frentes para que a dignidade humana seja realidade (tendo como alvo a inclusão das pessoas em todas as dimensões da vida pública nas cidades) e viver e promover a comunhão entre as pessoas e as comunidades (desprezando toda a forma de exclusão e discriminação de pessoas e grupos) são as formas de expressão da fé pública e participação missionária no contexto urbano.

Crescimento numérico, presença nas mídias, representação parlamentar, hoje projetos tão caros a grupos cristãos na América Latina como formas de expressão no espaço público, não estão descartados e podem ser consequência da busca de uma atuação pública, mas não devem ser condição ou finalidade para uma presença pública de cristãos e cristãs.

Por isso, ao se relacionar comunicação e fé pública nas cidades se faz emergir o desafio pastoral de trabalhar na formação de cristãos e cristãs humanizados, que consigam desenvolver relacionamentos mais densos; que busquem aquisição de conhecimento que valorize a diferença; que reconheçam a diversidade como componente da vida em sociedade; que sejam inter-ativos e produzam narrativas críticas e respeitosas, que não sejam meras repetições do que é recebido.

Isso significa o desenvolvimento de formas de comunicação nas cidades que trabalhem pela desconcentração de processos políticos, econômicos e culturais de dominação; que facilitem o uso pleno das mídias disponíveis para todas as pessoas em todos os lugares, com preços justos e razoáveis no custo de equipamentos e tarifas.

Comunicar nesse sentido pleno é trabalhar pelo projeto de Deus para a sua criação, na qual *adam* não deve viver só, mas em encontro, comunhão, harmonia, solidariedade, sem falar uma língua única nem concentrar poder em um só grupo e lugar, pelo contrário, experimentando a diversidade e aprendendo com ela.

Referências

AUGÉ, M. *Não-lugares*: introdução a uma antropologia da supermodernidade. Campinas: Papirus, 1994.

CANCLINI, N.G. *Consumidores e cidadãos* – Conflitos multiculturais da globalização. Rio de Janeiro: UFRJ, 1996.

CASTRO, C.P. *Por uma fé cidadã* – A dimensão pública da Igreja: fundamentos de uma pastoral da cidadania. São Paulo/São Bernardo do Campo: Loyola/Umesp, 2000.

CERTEAU, M. *A invenção do cotidiano* – Artes de fazer. Petrópolis: Vozes, 1994.

CUNHA, M.N. "Missão e compromisso ecumênico – Reflexões a partir do contexto pastoral latino-americano no século XXI". *Caminhando*, vol. 17, n. 1, 2006, p. 80-87.

FERNANDES, M.A. *Indicadores de qualidade de vida*: um estudo de caso em quatro áreas periféricas do DF. Brasília: Ibama, 1998 [Meio Ambiente em Debate, 23].

FERREIRA, J.S.W. "São Paulo: cidade da intolerância ou o urbanismo 'à brasileira'". *Revista Estudos Avançados* – Dossiê São Paulo, vol. 25, n. 71, jan.-abr./2011, p. 73-88.

GOIS, M.V.S. "A influência dos estrangeirismos na língua portuguesa: um processo de globalização, ideologia e comunicação". In: *Philologus*, ano 14, n. 40, jan.-abr./2008, p. 14-34 [Disponível em http://www.filologia.org.br/rph/ANO14/40/_RPH40.pdf].

HABERMAS, J. "Arquitetura moderna e pós-moderna". In: *Novos Estudos Cebrap*, n. 18, set./1987, p. 115-124.

HALL, S. "Codificação/decodificação". In: HALL, S. *Da diáspora* – Identidades e mediações culturais. Belo Horizonte: UFMG, 2006, p. 365-384.

HARVEY, D. "O direito à cidade". In: *Lutas Sociais*, n. 29, jul.-dez./2012, p. 73-89.

JENKINS, H. *Cultura da Convergência*. São Paulo: Aleph, 2008.

KELLNER, D. *A cultura da mídia* – Estudos culturais: identidade e política entre o moderno e o pós-moderno. Bauru: Edusc, 2001.

LEMOS, A. "Cidade e mobilidade – Telefones celulares, funções pós-massivas e territórios informacionais". In: *Matrizes*, n. 1, out./2007, p. 121-137.

_____. "O que é cidade digital?" In: *Guia das Cidades Digitais*, s.d. [Disponível em http://www.guiadascidadesdigitais.com.br/site/pagina/o-que-cidade-digital – Acesso em 20/01/2020].

MAFFESOLI, M. *O tempo das tribos*: o declínio do individualismo nas sociedades de massa. Rio de Janeiro: Forense Universitária, 1998.

MAGNANI, J.G.C. "Transformações na cultura urbana das grandes metrópoles". In: MOREIRA, A.S. (org.). *Sociedade global* – Cultura e religião. 2. ed. Bragança Paulista/Petrópolis: Edusf/Vozes, 1999.

MARTIN-BARBERO, J. "Cidade virtual: novos cenários da comunicação". In: *Comunicação e Educação*, n. 11, jan.-abr./1998, p. 53-57.

McLUHAN, M. *Os meios de comunicação como extensões do homem*. São Paulo: Cultrix, 1974.

RIBEIRO, L.C.Q. "Segregação residencial e políticas públicas: análise do espaço da cidade na gestão do território". In: RASSI, N. & BÓGUS, C.M. (orgs.). *Saúde nos aglomerados urbanos*: uma visão integrada. Brasília: Opas, 2003, p. 155-182 [Série Técnica, 3].

RUIZ, C.B. *Os paradoxos do imaginário*. São Leopoldo: Unisinos, 2003.

SCHWANTES, M. *Projetos de esperança*: meditações sobre Gênesis 1–11. São Paulo: Paulinas, 2002.

SIMMEL, G. "A metrópole e a vida mental" [1903]. In: VELHO, O.G. (org.). *O fenômeno urbano*. Rio de Janeiro: Zahar, 1973.

WOLTON, D. *É preciso salvar a comunicação*. São Paulo: Paulus, 2006.

3
Sobreviver na cidade
Cristalização de contradições

*Luiz Roberto Benedetti**

O cineasta Jean Luc Godard utilizou como imagem para representar a realidade futura a cidade-catástrofe. Chamou-a de Alphaville. Catastrófica e demoníaca. Entretanto, a realidade que a arte tentava antecipar – o desastre – tornou-se o nome de condomínios de alto luxo, modelos da "cidade privada" (cf. MONGIN, 2009, p. 133) na América Latina aos quais o acesso requer passar por formas de controle que beiram à humilhação.

As *Diretrizes gerais da ação evangelizadora da Igreja no Brasil 2019-2023* colocam a cidade como espaço privilegiado para compreensão da mudança de época, expressão que designa a fragilidade dos fundamentos capazes de nos situar em um processo – a urbanização do mundo. Fragilidade que suscita perplexidade e insegurança; não mais uma "geografia localizada" na qual a Igreja se sentia capaz de se situar, mas "geografias inconstantes", uma vez que nesse espaço se materializam fluxos internacionais, estratégias econômicas que ignoram fronteiras. A dinâmica da cidade é "transurbana" e se expressa por metáforas como "nós" e "fluxos". Estas definem o cruzamento dentro de um espaço, da "estrutura complexa" que articula e reconstrói uma "variedade de processos transfronteiriços" (SASSEN, 2010, p. 89). Dessa forma, "recuperar o lugar" significa recuperar a multiplicidade de presenças nessa paisagem, analisar e entender as formas que as relações sociais – econômicas, culturais, políticas e subjetivas –

---

* Possui mestrado em Sociologia pela Universidade de São Paulo (1982) e doutorado em Ciências Humanas pela Universidade de São Paulo (1988). Atualmente é professor titular da Pontifícia Universidade Católica de Campinas.

assumem nesse espaço. São relações que dizem respeito a sobrevivência, trabalho, educação, cultura, saúde, comunicação e "caráter" (cf. SENNETT, 1999).

A profundidade das transformações leva à substituição do termo "mudança" por "metamorfose" e "sociedade" por "mundo": mundo tem alcance planetário em extensão e profundidade. Mudança supõe continuidade, alteração gradativa e o que ocorre é uma crise dos paradigmas habituais com a emergência de situações sequer imaginadas antes (cf. BECK, 2018) e que afetavam até pouco tempo sociedades "localizadas". Não se trata de desqualificar ou negar a sociedade, mas sim de olhar como a arte, literatura de modo especial, se tornam formas "científicas" de abordagem face à profundidade das transformações no campo das relações sociais.

Sem ir a extremos de propor a pós-cidade como Mongin, Piquet fala do adjetivo urbano como substantivação de "um vazio que não se preenche, de um discurso sem história, porque não remete à cidade como materialidade, mas a um novo sistema de ideias, com articulações e conceitos inteiramente novos e inventados para nomear uma nova ordem que se gesta" (PIQUET, 1991, p. 126).

A cidade cristaliza um mundo urbanizado que redefine a relação entre rural e urbano, distinção que não faz mais sentido em um mundo onde o próprio campo foi urbanizado e a percepção do espaço e do tempo perdem contornos. A cidade é espaço e local, mas nela se cruzam "espaços fronteiriços [...] que se cruzam e produzem formas socioespaciais distintas" (SASSEN, 2010, p. 91).

A cidade é, levando em conta as observações até agora feitas, um espaço privilegiado onde se expressam as contradições sociais do mundo do trabalho, marcado pela desigualdade, pela precarização e pela informalização crescentes que deram origem a um neologismo: uberização.

1 Mundo da sobrevivência

Mas é preciso pôr os pés no chão e voltar à história. Nas décadas de 1960 e 1970, com prolongamento nos inícios dos anos 1980, o problema se apresentava como a necessidade de incluir as populações marginalizadas, no sentido bem preciso de despossuídas, assegurando-lhes garantias de formas dignas de sobrevivência. Acreditava-se que estas seriam fornecidas pela industrialização, no limite das necessidades de consumo da força de trabalho. Se nas décadas anteriores as metrópoles absorviam as migrações, agora se colocava a necessidade de alocá-las. A solução era desenvolver as regiões periféricas.

O exemplo mais significativo foi a criação da Sudene (Superintendência de Desenvolvimento do Nordeste), visando a solucionar o problema migratório que "inchava as cidades"[2].

O problema das relações cidade-campo se coloca mais nitidamente com o advento da industrialização. Ela traz uma dependência mútua, que vai declinando em favor da cidade. Nesse quadro se agrava cada vez mais o fenômeno da migração campo-cidade explicado por fatores de expulsão e atração. Os fatores de expulsão, na visão de Singer, são de duas ordens: de mudança e de estagnação. O capitalismo no campo expropria camponeses e expulsa agregados, parceiros (meeiros) reduzindo formas de empregabilidade ao monopolizar cada vez mais a terra aproveitável.

Os fatores de atração estão ligados à demanda de mão de obra. Ela define a direção dos fluxos migratórios. O "apelo" da cidade – emprego, saúde, educação e suas "luzes" (poder de atração, consumo) – deve ser entendido como busca de formas de sobrevivência, pois há o risco de uma visão moralista que demoniza a cidade.

No interior desse quadro histórico se compreende, em grande parte, o crescimento urbano descontrolado, expresso nas periferias, em favelas, cortiços e palafitas. E o subemprego, realidade bem mais séria que a informalidade dos boias-frias.

Surgem movimentos sociais ativos, como o Movimento dos Trabalhadores Rurais Sem Terra, e se delineiam formas de cooperação (mutirão) ainda que pouco visíveis.

---

2. A teoria das "cidades inchadas" era objeto de muita discussão no meio acadêmico. Desenvolver (industrializar) não mexia em nada com as raízes do problema: a dependência externa, a concentração de renda e a forma das relações sociais fundadas em subordinação política e pessoal no campo (cf. OLIVEIRA, 1975).

Saltando etapas e detalhes, o quadro se esboça com cores sempre mais sombrias a partir da década de 1990, com a concentração de renda cada vez maior e a violência gerada, cada dia mais incontrolável. A aceleração do desenvolvimento tecnológico somada a uma política econômica neoliberal e o privilégio do capital financeiro sobre o industrial tornaram a cidade a expressão mais visível da desigualdade que traz em seu bojo o desemprego, a violência e a informalização. Realidade que se mostra na "arquitetura" geográfica do urbano como será visto mais à frente ao falar dos enclaves.

As *Diretrizes* são bastante enfáticas sobre essas transformações sociais ao afirmar que a violência se tornou uma atitude organizadora da vida em sociedade. Não se trata de uma atitude puramente individual – comportamento desviante –, mas de uma forma de estruturar a resposta à quebra dos vínculos sociais: crer no uso da força como solução e o crime organizado em nível nacional são evidências dessa quebra.

As *Diretrizes*, ao contraporem individualidade – valor pessoal – a individualismo como desvirtuamento ao defini-lo como busca da satisfação pessoal, pode levar a esquecer que individualidade é algo muito mais profundo. O individualismo constitui a estruturação da sociedade do desempenho, levando ao esgarçamento crescente do tecido social. Torna excluídos e incluídos em descartados e privilegiados. Pensar o desenvolvimento tecnológico, como o desenvolvimento da inteligência artificial e a robótica, ajuda a compreender essa realidade.

O desenvolvimento da inteligência artificial está a serviço da competitividade. Na realidade é a capacidade de uma máquina (ou máquinas), por sua capacidade imensa de acúmulo de dados, resolver de modo rápido e eficaz problemas específicos. Constitui-se como um dos fundamentos do desemprego, sobretudo o qualificado. Afeta de maneira próxima os jovens. Vítimas imediatas da "recessão", perdem as condições para acompanhar o desenvolvimento tecnológico. Para os não qualificados, diferentemente dos qualificados momentaneamente na informalidade (motoristas de Uber, por exemplo), só resta ficarem onde estão ou então, mais sério ainda, oscilar para baixo. Para ambos, no mundo da alta tecnologia só a possibilidade de *aperfeiçoamento contínuo* garante a estabilidade de emprego.

Essa realidade traz consigo a perda da autoestima e, no limite, sua vitimização como incapazes. Destrói por dentro. Mas e os privilegiados?

Eles estão no limite da autossuportabilidade, vítimas da "sociedade do cansaço". Ela define, para Byung-Chul Han, o indivíduo livre, empreendedor de si mesmo, sujeito apenas ao "seja você seu próprio empreendimento" (cf. LÓPEZ-RUIZ, 2007), livrando-o dessa forma da obrigação externa, mas forçado a alcançar um "eu ideal" cada vez mais exigente. Nas palavras do pensador coreano, "a sociedade do desempenho é uma sociedade de autoexploração. O sujeito do desempenho explora a si mesmo, até consumir-se completamente (*burnout*)" (HAN, 2019, p. 101). Essa teoria – questionável – mostra o individualismo como "estruturador" da vida em sociedade e explica em parte as revoltas juvenis (primaveras) e também vitimiza os pobres. Quando as forças policiais e o exército "protegem" as favelas, na realidade fazem os moradores se sentirem culpados da sua situação.

2 Exclusão e inclusão

A questão da exclusão, não mais como "desvio" e "anormalidade" passageiros, entrou na discussão da sociologia. É uma noção que padece de uma inflação de usos. Robert Castel, que faz essa observação, não ignora a situação objetiva – ausência de direitos, de atributos, falta de recursos para participar da vida coletiva – mas nota que o sentir-se incluídos, portadores de direitos sociopolíticos iguais – faz os jovens revoltar-se e provocar levantes e agir à margem da legalidade. Para a situação "complexa demais" o termo "excluído" não oferece segurança.

Argumenta, ainda, que os jovens que se levantam partilham dos valores e aspirações, em especial "o gosto pelo consumo e, no plano dos valores, aspiram a uma vida normal como qualquer jovem da classe média"[3]. Sentem-se "exilados" como cidadãos. No limite, a ques-

---

3. Castel se refere à situação europeia. Mais especificamente aos levantes urbanos na França, em 2005. É necessário notar que não ignora o fator étnico, a discriminação, a xenofobia e o racismo. Mas faz questão de dizer que é situação diferente, por exemplo, das favelas do Rio de Janeiro.

tão de viver juntos ou viver lado a lado constitui o cerne da questão exclusão/inclusão.

Historicamente, essa questão está ligada à emergência da industrialização na França e Inglaterra do século XIX, que gerou o pauperismo. Este "mostrou o risco de uma desfiliação em massa inscrita no próprio cerne do processo de produção de riquezas" (CASTEL, 1998, p. 289). Não se nega a exclusão, fundada na ideia de cidadania tão cara à República Francesa. Mas não basta ser cidadão sem ter os direitos assegurados. O uso do termo "exclusão" então não será abusivo, desde que aplicado a situações históricas e institucionais específicas: "Os excluídos são, na maioria das vezes, vulneráveis que estavam 'por um fio' e que caíram. Mas também existe uma circulação entre essa zona de vulnerabilidade e a da integração, uma desestabilização dos estáveis, dos trabalhadores qualificados que se tornam precários, dos quadros bem considerados que podem ficar desempregados. É do *centro* que parte a onda de choque que atravessa a estrutura social" (CASTEL, 1998, p. 569).

A exclusão, marcada por uma periferia precária, pela desestabilização dos estáveis e pelo *deficit* de lugares ocupáveis na estrutura social, deixa de ser cada vez menos "temporária" e provoca uma dessocialização em massa. O pauperismo crescente "é um drama que ilustra esse efeito bumerangue por meio do qual o equilíbrio do conjunto de uma sociedade é abalado por aquilo que parece situar-se à sua margem" (CASTEL, 1998, p. 299). A periferia é criada pelo centro e agora este é atingido em seu coração. Ao falar da indústria como fator de inclusão, é preciso notar que o progresso técnico que expulsa do campo é o mesmo que *suprime* empregos no espaço urbano.

Ao se falar de inclusão não se pode deixar de lado, como fator de atração – que acaba em desilusão –, o "ar das cidades que torna o homem livre". Historicamente, está ligado à emancipação dos poderes feudais; mas, não sem certa ousadia, constitui o imaginário de recursos disponíveis, à mão, como emprego, estabilidade, saúde e educação. Mas também faz parte desse imaginário a glorificação da cidade como agente civilizatório à sua execração como lugar do vício, da devassidão, da exploração e do desperdício.

A precariedade das condições de trabalho é visível na informalidade ("bicos"), perda de direitos, flexibilização das leis trabalhistas, terceirização. Dá-se o fenômeno que os analistas sociais nomeiam com o neologismo "uberização". Derivado de Uber, empresa americana que oferece serviços de transporte acionados por aplicativo no smartphone. Deixa nítida a ligação, nem sempre tão posta em relevo, entre precarização do trabalho e desenvolvimento tecnológico. Aplica-se agora não aos privilegiados, mas aos trabalhadores o individualismo exacerbado de se tornar dono de si mesmo, de ser empreendedor, imagem que ilude uma minoria que nem consta em contagens. O "lucro" (o uso da palavra é não só indevido, mas insultuoso) na realidade é o que resta para sobreviver. O rendimento real vai para a Uber que aparece como parceira que oferece os meios para seu trabalho. Todas as garantias do próprio trabalho desaparecem nessa sociedade da terceirização total: riscos, manutenção, falta de um contrato que garanta um ganho mínimo. Mais: cabe ao patrão invisível analisar o desempenho, as regras e formas de controle do seu trabalho.

Mas o motorista de aplicativo, o mototaxista, o revendedor de cosméticos, o entregador de água, de comida pronta (Ifood, Bigeats, Rappy) tornam um fato a *gig economy* (trabalho informal ocasional, "bicos"). Sua contrapartida, sentida no cotidiano, é o medo do futuro, a falta da carteira assinada, hoje acentuada pela reforma trabalhista que contribui decisivamente para "quebrar" o trabalhador por dentro, provoca a "corrosão do caráter". Na vivência cotidiana, percebe-se a ruptura da subjetividade, sentida sobretudo pelos pais de família. Sennett vê o medo, mas também os riscos, impedindo dessa forma a construção de biografia pessoal, centrada na experiência cotidiana.

O trabalhador sente que precisa "correr" pois é dele que depende o sucesso ou fracasso: corrosão do caráter é a impossibilidade de ter um rumo, um quadro de valores éticos estáveis que possibilitem uma construção sólida de como nos vemos e como queremos que os outros nos vejam (cf. SENNETT, 1999).

3 Dimensão territorial

O urbano construído sobre a desigualdade, além de trazer uma percepção nova e uma "sensibilidade" (na realidade insensibilidade) diferente, mostra seus efeitos desastrosos na ocupação do território. Afeta-a de forma a gerar imagens da cidade em espaços localizados como perigosos, seguros, violentos como forma de criar apreensão e medo, de suscitar desejos e estigmatizar moradores.

Um olhar sobre os anúncios publicitários de empreendimentos imobiliários *vips* ilustra: além de oferecer segurança, estes prometem o diferencial: "único", "exclusivo", "diferente", "inigualável", "via privativa", "ícone". A ênfase está em classificar um produto que classifica seus consumidores, como afirmam os sociólogos da escola de Bourdieu.

A busca de exclusividade é resultado de uma "sociedade cínica" (cf. SENNET, 2012, p. 165).

Condomínios e bairros fechados convivem muitas vezes lado a lado, e negam ao invés de acentuar os princípios básicos de estruturação da cidade: a livre-circulação e abertura do espaço público. São os enclaves fortificados, analisados por Tereza Pires Caldeira como "espaços privatizados, fechados e monitorados para residência, consumo, lazer ou trabalho" (CALDEIRA, 1997, p. 159).

O medo e a violência fazem erguer muros, deixando a rua para os pobres, os marginais, os "moradores de rua". Geram as cidades fragmentadas. Mas o muro ainda não é suficiente. Há grades, porteiros e seguranças armados e uma tecnologia cada vez mais avançada de proteção à classe média alta, visibilizando o que a mesma autora afirma ser uma das piores distribuições de renda do mundo. A riqueza ostensiva ao lado da pobreza, Morumbi *versus* Paraisópolis, "convivendo" lado a lado separados por um muro impenetrável. A sofisticação crescente implica empregados em número maior e, dessa forma, meios de controle mais eficazes como o "método direto e inclui dar poder a certos trabalhadores que controlem outros" (CALDEIRA, 1997, p. 161).

É a concretização da realidade da proximidade espacial e distância social (cf. CHAMBOREDON, 1970, p. 3-33). A tendência é concentrar em espaços privados o conjunto da vida social e pública.

Mas há perversidade maior: a invasão de espaços públicos indispensáveis, como as áreas de preservação ambiental, comandadas após ocupação, pelo crime organizado. Em São Paulo, o Primeiro Comando da Capital vende imóveis e cobra taxas de moradores; ergue prédios clandestinos que desabam sem nenhuma explicação por fatores imprevistos como ciclones. O uso de material barato e a forma precária de construção visibilizam a presença crescente do crime organizado na vida urbana. Além do problema ecológico, essa prática traz, como efeito colateral direto, o aumento dos custos de serviços básicos (cf. PAGNAN & MOREIRA, 2020).

Essa apropriação do território urbano tornando o espaço cada vez menos público estigmatiza os pobres ao controlar a segurança via intervenção policial-militar fazendo com que moradores sejam culpabilizados como responsáveis por sua situação.

Quem não pode garantir sua própria segurança fica entregue à sua própria sorte no enfrentamento de agentes endêmicos como a corrupção, as milícias, o abuso de poder e o controle do tráfico de drogas.

A privatização dos equipamentos urbanos públicos indispensáveis à sobrevivência coloca-os no jogo das forças de mercado ao torná-los inacessíveis por seu custo. A exemplo da saúde, podem se tornar inacessíveis energia elétrica, transporte, gás, água.

As tentativas de gentrificação – recuperação físico-arquitetônica dos centros urbanos como lugares de memória e espaços públicos de lazer cultural – acabam quase sempre transformando essas áreas no seu contrário, passando a ser evitadas como "lugares de risco", perigosos. A migração maciça para a cidade, provocada pelo agronegócio com tecnologia digital dispensadora de mão de obra, gera o aumento constante dos cinturões de pobreza e faz dos centros urbanos um "amontoado de pobres" – campo de refugiados na expressão de Seabrook, retomada por Bauman (cf. 2007, p. 97). Os moradores se tornam viciados em segurança, o que aumenta o medo. Mesmo em lugar seguro, não há flexibilidade, criatividade e tranquilidade que se usufruem em um espaço público compartilhado, que se tornou lugar da imprevisibilidade.

Há ainda o apoio, ou pelo menos o fechar os olhos, para a ação de grileiros que agem no campo e na cidade. Situação até certo ponto esquecida pela atenção dada ao agronegócio, visto e apoiado como fator de crescimento econômico.

4 As mídias sociais

O rompimento das barreiras de espaço e tempo altera radicalmente a subjetividade humana que se expressa no relacionamento. Falar "o que se quer", expor a vida privada por exibicionismo, ou ocultar a identidade nos *nicks*, o medo de vírus e *hackers*, estar com todas as informações (gostos, tendências, vícios) armazenadas e vendidas a empresas de serviços e consumo, os Big Data, o WhatsApp substituindo o contato pessoal e a convivência social em todos os níveis. Há benefícios incluídos nisso?

Essa é uma discussão que divide especialistas. Uns tendem a ver nas redes sociais o instrumento privilegiado da política, que recorre a *fake news* e a grosserias.

Na conversa, as pulsões, os desejos e os temores substituem o diálogo racional. A violência, em suas variadas formas de representação, ganha espaço nas tecnologias digitais. As *fake news* disseminam a raiva, o ódio, o desejo de extermínio do inimigo. Repetidas à exaustão, mentiras acabam por se tornar "verdades": negação da eficácia das vacinas, mudanças climáticas, terra plana: na medida em que são questões de opinião, por mais que o oposto seja fundamentado como verdade, torna-se mais cômodo negá-lo. Afirmar a veracidade comporta diálogo com o que pensa diferente.

A visão positiva ressalta que há criação de novos relacionamentos, criatividade e expressividade nas postagens e alimentam o sonho de uma humanidade planetária reconciliada. Veem facilidade em trocas econômicas ligadas ao consumo e rapidez na troca de informações.

As mídias afetam a cidade. São expressão cristalizada da urbanização do mundo.

O que é claro é que há um mundo em metamorfose. Esta se exprime de modo privilegiado na cidade, onde se localiza o transurbano com cores próprias.

Sente-se, no sentido mais profundo do termo (razão, emoção, coração), a realidade do mundo: quando se fala das condições da vida no espaço urbano da cidade se está falando das condições da humanidade.

Referências

BAUMAN, Z. *Confiança e medo na cidade*. Rio de Janeiro: Zahar, 2009.

BECK, U. *A metamorfose do mundo*. Rio de Janeiro: Zahar, 2018.

CASTEL, R. *A discriminação negativa* – Cidadãos ou autóctones? Petrópolis: Vozes, 2008.

_____. *As metamorfoses da questão social* – Uma crônica do salário. Petrópolis: Vozes, 1998.

CALDEIRA, T.P.R. "Enclaves fortificados: a nova segregação urbana". In: *Novos Estudos*, n. 47, 1997, p. 156-176.

CHAMBOREDON, J.C. & LEMAIRE, M. "Proximité spatiale e distance sociale: les grands ensemble e leur peuplement". In: *Revue Française de Sociologie*, 1970, p. 3-33.

HAN, B.-C. *Sociedade do cansaço*. Petrópolis: Vozes, 2015.

LÓPEZ-RUIZ, O. *Os executivos das transnacionais e o espírito do capitalismo* – Capital humano e empreendedorismo como valores sociais. Rio de Janeiro: Azougue Cultural, 2007.

MONGIN, O. *A condição urbana*: a cidade na era da globalização. São Paulo: Estação Liberdade, 2009.

PAGNAN, R. & MOREIRA, M. "PCC adota tática de milícias do Rio e avança sobre invasões de imóveis em SP". In: *Folha de S. Paulo*, 12/01/2020 [Disponível em https://www1.folha.uol.com.br/cotidiano/2020/01/pcc-adota-tatica-de-milicias-do-rio-e-avanca-sobre-invasoes-de-imoveis-em-sp.shtml – Acesso em 15/01/2020].

PIQUET, R. "A invenção do urbano". In: PIQUET, R. & TORRES RIBEIRO, A.C. (orgs.). *Brasil, território da desigualdade* – Descaminhos da modernização. Rio de Janeiro: Jorge Zahar Editor/Fundação Universitária José Bonifácio, 1991.

SASSEN, S. *Sociologia da globalização*. Porto Alegre: Artmed, 2010.

SENNETT, R. *Juntos* – Os rituais, os prazeres e a política da cooperação. Rio de Janeiro: Record, 2012.

_____. *A corrosão do caráter* – Consequências pessoais do trabalho no novo capitalismo. Rio de Janeiro: Record, 1999.

4
O desafio da convivência das religiões no espaço urbano

*Elias Wolff**

Pensar a cidade e o urbano é pensar no amplo universo das diferenças e das singularidades dos atores que a constituem. A cidade é, por excelência, o espaço da diversidade em todos os âmbitos da vida humana. Como as religiões são uma das expressões mais significativas dessa diversidade, é importante analisar os desafios, as possibilidades e os limites da convivência dos credos na cidade. De um lado, as religiões têm liberdade para se expressarem e, assim fazendo, imprimem uma configuração própria no espaço urbano. De outro lado, a liberdade não é apenas um direito, também implica deveres. Destes, destaca-se o dever de interação positiva e convivência pacífica entre as diferentes formas de crer, pelo exercício do diálogo e da cooperação que mantém a harmonia do complexo da cidade.

1 A religião na gênese da cidade

Enquanto alguns estudiosos sustentam que a origem da cidade está nas transformações das técnicas de produção, que possibilitaram o acúmulo de bens e produtos e a sedentarização, o que teria ocorrido durante o Neolítico, outros enfatizam que a cidade se originou em

---

* Possui mestrado (1998) e doutorado (2000) em Teologia pela Pontifícia Universidade Gregoriana. Atualmente é professor no Programa de Pós-graduação em Teologia (PUC-PR), Coordenador do Núcleo Ecumênico e Inter-religioso da PUC-PR, Líder do Grupo de Pesquisa Teologia, Ecumenismo e Diálogo Inter-religioso da PUC-PR; Coordenador da Comissão Teológica do Conselho Nacional de Igrejas Cristãs do Brasil, Membro da Rede Ecumênica da Água (Conselho Mundial de Igrejas).

torno do espaço sagrado, onde as pessoas acorriam para a prática de seus cultos e, com o tempo, ali foram se aglomerando. Isso teria ocorrido ainda no Paleolítico, quando o santuário tem lugar central nos primeiros núcleos de povoamento, sendo o templo o elemento da conexão entre a religião e a cidade (cf. ROSENDAHL, 1999, p. 13-14). Assim, uma gruta paleolítica, um centro cerimonial maia, a pirâmide, o zigurate e outros mostram que o sagrado é elemento de produção do espaço e o desenvolvimento desse acontece sob influências religiosas. A religião configura o espaço da cidade, juntamente com o desenvolvimento da tecnologia, o consequente excedente da produção e a divisão social do trabalho. O desenvolvimento socioeconômico da sociedade humana está conectado com o desenvolvimento das ideias e práticas religiosas.

Assim, a história das religiões se vincula com a história da formação dos agrupamentos humanos. Originalmente, cada família tinha seu deus, seu oratório e seu culto, que vão se congregando por diversos fatores, como a união entre as famílias e a conquista de territórios. A união de diferentes formas de culto está vinculada com a formação e a ampliação de grupos humanos. Desse modo se concebe a religião na origem da cidade; esta é incentivada pela associação de crenças diferentes, com a união de famílias e grupos: "assim como muitas pátrias ou clãs estavam reunidos em uma mesma tribo, muitos deles puderam associar-se sob condição de se respeitar o culto de cada um. No dia em que nasceu essa aliança, nasceu a cidade" (ROSENDAHL, 1999, p. 15).

E isso está também na origem da ideia de uma religião única, comum. A união das famílias, clãs, em uma mesma tribo, concebeu uma divindade superior às domésticas, protetora de toda a aldeia. Surge um templo comum e o culto estabelece o vínculo entre todos, de modo que "à medida que a religião foi se desenvolvendo, a sociedade humana engrandeceu-se" (ROSENDAHL, 1999, p. 16). A cidade é fruto, então, da associação religiosa e política de famílias e tribos. E nela o poder religioso está vinculado com os poderes político e econômico, tendo o sacerdote as funções de proteger a cidade de Deus e, para isso, atua em sintonia com os demais poderes. Na verdade, nas primeiras civilizações, as sociedades eram dirigidas por reis-sacerdotes. Eles coletavam, armazenavam e redistribuíam excedentes. [É] a expansão de líderes espirituais, juntamente com a interdependência econômica crescente entre as comunidades, a base para o surgimento de uma elite permanente (cf. ROSENDAHL, 1999, p. 21).

Esse fator mostra que, desde as suas origens, a cidade está intrinsecamente vinculada com a religião. O credo religioso estabelece o horizonte de sentido da vida urbana, e as disciplinas religiosas incidem no comportamento dos citadinos. Assim, da Antiguidade até bem pouco tempo, a religião exerceu um papel definido na fundação, fundamentação e articulação da vida da cidade. A partir da Era Moderna, esse papel do religioso no meio urbano foi se desconfigurando com o crescente processo de secularização. Mas apenas em nosso tempo é que, ao menos nas cidades do Ocidente, esse processo estabeleceu uma autonomia da organização da cidade em relação à vida religiosa dos citadinos. Não significa que a secularização seja, *per se*, algo negativo ou oposto à religião. Ela é "um fenômeno pós-cristão, isto é, provocado pela fé cristã" (ZAHRNT, 1972, p. 160), que afirma uma desdivinização do mundo como oriunda da revelação de Cristo. E nisso não há incoerência entre secularização e fé cristã. A secularização da cidade condiz com a autonomia da vivência religiosa das pessoas. Diferente é o "secularismo" como resultado da ação humana, que leva a uma "fé secular" que tem como principal fundamento apenas uma postura ética, muitas vezes em oposição à religião. Enquanto a secularização dialoga e interage positivamente com a vivência religiosa, o secularismo em geral se opõe a essa vivência.

2 Religião e cidades contemporâneas

O processo de secularização das sociedades se expressa por uma intensa racionalização que formaliza e burocratiza as instituições sociais. Isso acompanha a urbanização e causa tensões com a religião. A vida da cidade se desenvolve de forma autônoma e independente da orientação espiritual que os grupos religiosos propõem. Afirma-se o princípio da laicidade do Estado. Mas por vezes o processo de secularização da vida urbana se distancia e se opõe às propostas religiosas e espirituais. Cada vez mais a cidade se organiza pelos meios de produção, o desenvolvimento de novas técnicas e a estratificação das classes sociais. A cidade não mais se caracteriza pela vida conforme o ritmo da natureza ou dos credos. Surgem as metrópoles com descentralização da organização social, e a religião não ocupa lugar central, ou mesmo lugar algum, na organização da vida pública (cf. MARCHINI, 2019). A religião é relegada à esfera privada, passando a dirigir seu discurso aos indivíduos da metrópole e não mais à comunidade urbana. E mesmo os fiéis não têm o ensino dos líderes religiosos como critério único de orientação do comportamento social. Em uma cultura subjetivista, o critério é o bem-estar, a satisfação imediata das necessidades e desejos pessoais. O indivíduo não é regido por instituições ou tradições, sente-se livre, autônomo, para fazer suas escolhas de trabalho, relações, lazer... e religião (cf. COMBLIN, 2002, p. 20-21).

Nas cidades contemporâneas, o conjunto das relações é pautado pela funcionalidade, como busca de adequação perfeita entre meios e fins. Em muitos espaços, tal fato não deixa margem para a emoção, a interferência subjetiva, a manifestação da sensibilidade nas relações formais. O dado religioso é um entre tantos outros. Outrora, o aspecto arquitetônico das religiões ganhava imponência no conjunto das construções da cidade. Torres e sinos eram vistos e ouvidos a distância. Hoje, desapareceram em meio aos edifícios e rumores da vida da cidade. Mesmo onde permanecem, perdeu-se muito do seu aspecto de sagrado, sendo muitos deles lugares mais de turismo cultural do que de reza. A crescente secularização do meio urbano torna o dado religioso e espiritual invisível. É o que se verifica em muitas metrópoles. É difícil ver de longe um templo religioso em Nova York, Los Angeles e Las Vegas. Mesmo em metrópoles como Milão e Paris, onde os templos ainda ganham alguma visibilidade, a vida da comunidade religiosa é invisibilizada pelas culturas urbanas do seu entorno. Ou seja, a vida da cidade não acontece apenas de forma autônoma, mas também independentemente da vida religiosa e, muitas vezes, em direção contrária.

Outra forte característica da cidade é o fato de ela ser "medida" pela produção e pelo consumo. E assim orienta o comportamento dos citadinos, cuja sobrevivência está diretamente associada à manutenção do emprego para a satisfação das necessidades básicas. Para isso, precisam-se consumir os produtos fabricados; o tempo, as relações, mesmo o lazer, têm sentido de consumo. *Consumo ergo sum*! E isso implica a vivência religiosa: consomem-se devoções, liturgias, encontros de oração, acumulando práticas de fé, não raro apenas superficiais, sem penetrar na profundidade da existência. Uma verdadeira "poluição espiritual". O dado religioso busca integrar-se nas dinâmicas da cidade, mesclando ou concorrendo seus símbolos com anúncios de supermercados, lojas, farmácias etc. O mundo religioso aparece como uma espécie de alternativa à vida social da cidade. A cultura de concorrência do mercado é assumida nos projetos de *marketing* religioso: há um apelo a uma aura religiosa que visa a atrair a cidade para uma determinada comunidade religiosa ou uma doutrina.

Contudo, mesmo se não aceita como adesão, a proposta religiosa é tolerada na cidade secular: "a diversidade religiosa na cidade é identificada, respeitada, valorizada a partir da produção de uma territorialidade em parte segmentada, em parte baseada em fluxos" (VITAL, 2014). As religiões buscam construir e promover territorialidade no meio urbano. E, em uma sociedade multicultural, isso exige "compromissos institucionais" entre Estado e religiões, apontando para um "secularismo moderado" que possa responder às demandas fundamentais do multiculturalismo (cf. VITAL, 2014). Ainda há muito que refletir sobre a secularização da cidade e a religião no espaço público: "não se pode problematizar o espaço público sem atentar para as condições dos atores que se localizam na sociedade; a noção, no entanto, coloca permanentemente em jogo a constituição e o papel do Estado" (GIUMBELLI, 2008, p. 97).

3 A insistência da religião na configuração do cenário urbano

No século XXI, a religião continua presente na cidade. Não mais, porém, com a nitidez de outrora pela força das suas instituições que incidiam no complexo da vida social. Hoje, sua presença é mais difusa no tempo e no espaço urbanos. Mas a religião insiste em seu potencial epistemológico e heurístico para a compreensão das dinâmicas da vida na cidade. Com suas comunidades e elementos simbólicos situados em espaços geográficos próprios e estratégicos, as diferentes correntes religiosas e espirituais buscam afirmar espaços na configuração da paisagem urbana. Na América Latina, no Oriente e na Ásia, chama a atenção a profusão religiosa no cenário urbano. Templos hindus e santuários dedicados a Buda estão presentes nas cidades asiáticas; as mesquitas e seus minaretes caracterizam a arquitetura das cidades no Oriente; na América Latina, *banners* com frases bíblicas, imagens de santos católicos e líderes pentecostais disputam espaços nas praças, fachadas de construções, viadutos e postes de energia elétrica; na Europa as antigas catedrais têm ainda hoje lugar de destaque na cidade. Esses elementos formam um cenário religioso e espiritual no visual urbano que, de um lado, expressa particularidades e especificidades identitárias de um grupo religioso. E, de outro, assume um caráter público ao manifestar-se como endereçado à coletividade citadina. Eles têm a finalidade de estabelecer uma interlocução entre uma comunidade religiosa específica e o conjunto dos habitantes da cidade.

Contudo, as diversas correntes religiosas e espirituais que ocupam o espaço da cidade ainda precisam exercitar o espírito do diálogo, da convivência pacífica e da cooperação. Muitas das tensões e dos conflitos da vida da cidade têm as religiões como causa e/ou expressão. A fragmentação sempre crescente de grupos religiosos fragmenta também as relações sociais. Dessa forma, o pluralismo religioso deixa de oferecer à cidade uma contribuição positiva para assegurar a convivência harmônica. E a cidade tende sempre mais a ignorar o valor da religião. Mas, como espaço de hospitalidade das diferenças, a cidade abriga as religiões, exigindo delas a capacidade de dialogar e de conviver, perguntando o que elas têm a contribuir para a vida coletiva. Para tal, conta a afirmação da própria identidade e das próprias verdades sem negar a identidade e as verdades do outro e em diálogo com ele. Na cidade moderna, o discurso de cada religião precisa ser interdisciplinar e transdisciplinar.

4 Desafios da relação entre religião e cidade

O que vimos acima apresenta desafios importantes para as religiões que precisam ser considerados para uma positiva e fecunda relação entre religião e cidade. Dentre esses desafios, destacamos:

Afirmar o plural sem fragmentar o tecido social

O pluralismo religioso que emerge fortemente em nossos dias tem a cidade como o lugar de sua principal manifestação, pois ela é o espaço da alteridade em praticamente todas as áreas da vida humana. Não mais se aceita monopólio cultural ou religioso: "O morador da cidade é o homem da multipertença, um ser fragmentado" (JUSTINO LORO, 2006, p. 113). E também não há primazia do religioso na orientação da coletividade, em uma sociedade que se seculariza intensamente e onde aumenta o número dos "sem religião".

A cidade moderna, pluricêntrica, resiste a toda tentativa de centralismo, incluindo o religioso. No entanto, cada grupo religioso se considera um centro irradiador de sentido. De um lado, isso condiz com a natureza da religião enquanto movimento social que atua na gestação, na gerência e na articulação de sentido que interpela os sujeitos urbanos, bem como na construção de imaginário(s) sobre o espaço urbano. Mas, de outro lado, para que isso aconteça sem conflitos, é preciso reconhecer que a natureza plural da cidade condiz com o universo religioso heterogêneo que nela se manifesta. As religiões precisam se aceitar mutuamente. É preciso superar a autorreferencialidade de um credo no sentido da vida coletiva, o que o isola das demais propostas religiosas do mesmo espaço social. Não significa abandonar a singularidade e originalidade identitária, mas evitar afirmar a identidade exigindo exclusividade na verdade e unicidade intolerante na proposta de sentido e de espaço salvífico. Se tal acontece, cada regime religioso presume ser a única instância válida de fé. E impõe o "seu" projeto de vida, as "suas" verdades, o "seu" modo de ser crente como critério universal. As religiões que assim procedem geram fundamentalismos que aumentam ainda mais a fragmentação das cidades; alimentam posturas espirituais descontextualizadas da vida dos citadinos; afirmam doutrinas rígidas que impossibilitam a experiência da gratuidade, da serenidade e da alegria na vida do crente; propõem uma visão da cidade do futuro que cancela os compromissos com a cidade atual. Nisso se manifesta a gravidade da falta de uma ética responsável com os compromissos de paz e convivência fraterna no espaço urbano.

Afirmar a liberdade religiosa sem individualismos

A superação da autorreferencialidade e suas consequências negativas para a cidade se dá pela promoção convicta da liberdade religiosa. Isso exige admitir que o Deus da cidade se manifesta de muitas formas, e só é reconhecível por quem acolhe as diferenças hermenêuticas do sagrado na vida da cidade. Há uma "superabundância de sentido" do Mistério que se manifesta na cidade que é impossível ser exaurido por hermenêuticas de uma única religião, que tendem a ser estreitas e regradas por estruturas rígidas.

O contexto religioso plural da cidade manifesta fortemente a subjetividade nas opções de fé dos citadinos. A religião tem a ver com escolhas pessoais: "a verdade religiosa passa pela hermenêutica da situação" (BENEDETTI, 1994, p. 68), não se impõe objetivamente. Ao mesmo tempo em que isso é um fato da liberdade religiosa, também cria tensões entre as diferentes religiões e também dentro de uma mesma organização religiosa, podendo provocar uma espécie de "cisma branco" (cf. JAMES, 1996, p. 157-182) na instituição. Desse modo, a afirmação da liberdade religiosa, se não suficientemente compreendida, pode conduzir a tensões e conflitos que geram atitudes de intolerância e agressividade ao outro religioso. Novamente, fragmenta-se a cidade. E, então, o pluralismo leva ao relativismo e, enfim, à perda de referências. Cai-se no individualismo pelo qual cada crente refaz a sua religião institucional conforme os aspectos considerados interessantes e gratificantes em perspectiva pragmática. Tal fato dispensa justificativa e busca por "verdade religiosa" estável.

Com isso, a religião perde a sua dimensão social, coloca-se "a serviço do 'culto ao Eu' (com) forte psicologização da fé" (LIBANIO,

2001, p. 56). O intimismo da fé tira a força profética da religião na cidade, pois, fechada em si mesma, vive sob a influência da cultura individualista do mundo atual, fragilizando o seu discurso sobre relação, cooperação, comunidade. Isso é próprio do individualismo da cultura atual. E "esse dado primordial, esse elemento central, essa característica filosófico-cultural importante da Modernidade, a saber, a autorreferência, a subjetividade individual torna-se categoria de compreensão e decisão" (LIBANIO, 1996, p. 14) na vida da cidade.

Não há hegemonia religiosa na cidade. Há apenas tendências exclusivistas da fé individualista e busca de um poder hegemônico. Então há que se ter postura profética contra esse poder, para garantir a liberdade e a dignidade das diferenças que se manifestam no mundo urbano. Afirmar a liberdade religiosa não significa cada religião "oferecer o que pensa ser 'a' doutrina salvífica, simplesmente. Sem trair sua identidade e especificidade, o eixo central é valorizar a pessoa e propor a experiência de sentido em clima de liberdade. Liberdade religiosa e dignidade humana vão juntas" (*NA* 2). Assim fazendo, a religião abre-se para a cidade como espaço de promoção dos valores humanos contemplados tanto nas doutrinas religiosas quanto nos princípios da convivência urbana.

Afirmar o ético e o profético sobre o estético

Há grupos religiosos que manifestam sérias dificuldades para se integrarem no meio urbano. A forma de organizar a comunidade, a realização dos serviços religiosos, a linguagem e a mentalidade distanciam os fiéis da vida social. Estes entendem a ordem espiritual como ruptura da ordem secular, em uma vivência desencarnada do credo que prioriza o estético e o holístico *versus* o ético e o profético.

Assim fazendo, a religião entra no jogo das forças sociais que querem atrair a todo custo. Embalam suas propostas religiosas em formatos belos, coloridos, dinâmicos, que dão gosto e prazer. O *marketing* religioso apresenta apenas o lado estético da fé. Exemplo disso é o uso de símbolos religiosos desenraizados de seu contexto sociocultural. E, atraídas por isso, as pessoas perdem o senso crítico, não discernindo entre a forma e o conteúdo da fé, deixando de perceber as contradições éticas de muitas religiosidades e espiritualidades atuais. Busca-se satisfação das necessidades espirituais e não convicções de uma identidade religiosa. Então a religião perde a dimensão da solidariedade, não gera comunidade porque isso a tira da situação de conforto e exige compromisso com o outro.

A vida religiosa incide de alguma forma na vida da cidade e nas relações entre os diversos segmentos que a compõem. O desafio é as religiões serem capazes de, no complexo da cidade, configurar identidades enraizadas em convicções consistentes, formar um universo de valores coerentes, instar à prática do testemunho convincente, sempre visando a um serviço para a vida coletiva. Viver religiosamente é viver socialmente comprometido: "Podemos dizer que a teologia da criação, a teologia do Êxodo e a teologia da Lei afirmam que Deus quer que os homens construam sua própria cidade e respondam por ela com autonomia e responsabilidade" (PASSOS, 2012, p. 260). Nisso existe como que uma correlação entre os projetos humanos e os projetos divinos para a cidade. O conteúdo do próprio credo religioso, a ideia do sagrado, de Deus, da vida, deve garantir as relações de justiça e convivência harmônica na cidade: "A ideia correta de Deus contribui com a educação do cidadão para viver na cidade" (PASSOS, 2012, p. 262). Então a visão religiosa da vida na cidade mira um novo "tempo da justiça e da paz que há de vir no futuro messiânico", em uma relação direta entre cidade e religião.

Desenvolver a cultura do encontro, do diálogo e da cooperação

O Papa Francisco tem se destacado entre os líderes do nosso tempo como um promotor do encontro, do diálogo e da cooperação entre as diferenças. A proposta não é nova no magistério católico e tem raízes bíblicas e patrísticas. Mas foi com a encíclica *Ecclesiam Suam*, de Paulo VI (1964), que o diálogo passou a ser compreendido como conteúdo e método da evangelização. A Igreja se entende como expressão e meio do *colloquium salutis* de Deus com a humanidade.

João Paulo II afirmou que o diálogo mesmo é salvífico na medida em que possibilita a experiência da graça que reconcilia e permite comunhão, entre as pessoas e com Deus. Francisco propõe uma "Igreja em diálogo", *ad intra* e *ad extra*, como exigência da sua natureza de comunhão e participação (cf. WOLFF, 2018). Dessa forma ela se realiza como "sacramento universal de salvação", que expressa o Deus uno e trino agindo no mundo plural do nosso tempo.

Dentre as finalidades do diálogo, destacamos: dar testemunho da própria fé e a cooperação em projetos que defendem a criação e promovem a paz na humanidade. Como testemunho da fé, o diálogo possibilita uma interação positiva entre os credos, em uma complementaridade enriquecedora que "nos permite interpretar o significado e a beleza misteriosa do que acontece" (*LS* 79). As religiões podem, assim, aprender umas das outras no caminho para o Transcendente, Deus. Dessa forma, o diálogo "anima a exercitar-nos na abertura do coração, para ver os outros como um caminho e não como um obstáculo" (FRANCISCO, 2017).

Como promoção da defesa da criação e da paz no mundo, o diálogo é "uma condição necessária", e por isso é também "um dever" (*EG* 250) para todos os crentes. Trata-se de um "compromisso ético que cria novas condições sociais" (*EG* 250). O cuidado da criação é inerente à fé no Criador (*LS* 64) e se enraíza na compreensão do "mundo como sacramento de comunhão" (*LS* 9). E a promoção da paz no mundo como condição de convivência fraterna desenvolve "a consciência de uma origem comum, de uma recíproca pertença e de um futuro partilhado por todos" (*LS* 200). Assim, o compromisso em projetos socioambientais comuns permite que as religiões "sejam coerentes com a própria fé e não a contradigam com as suas ações" (*LS* 200).

A título de conclusão: a perspectiva cristã na relação entre religião e cidade

A compreensão da presença e do lugar das religiões na cidade condiz com a fé cristã e a missão da Igreja. A pessoa cristã e sua comunidade eclesial são cidadãos e sujeitos urbanos e como tais vivem imersos nas alegrias e vicissitudes da vida urbana. Os cristãos creem em um "Deus que habita as suas casas, as suas ruas, as suas praças" (*EG* 71). É um Deus presente, um ser-com, que caminha junto e é sensível aos problemas da cidade. Com sua graça, possibilita a realização de seus desígnios no mundo urbano. Deus é, portanto, uma presença trabalhadora, missionária: "Ele vive entre os citadinos promovendo a solidariedade, a fraternidade, o desejo de bem, de verdade, de justiça" (*EG* 71).

Desde sempre os cristãos sabem não serem os únicos na cidade. Já em Jerusalém se constatava: "Entre nós, há partos, medos e elamitas, gente da Mesopotâmia, da Capadócia, do Ponto e da Ásia, da Frígia e da Panfília, do Egito e da região vizinha de Cirene; alguns de nós vieram de Roma, outros são judeus ou pagãos convertidos; também há cretenses e árabes" (At 2,9-10).

O grande desafio é colher as riquezas desse pluralismo, tanto para a cidade quanto para as religiões. E para isso não basta uma leitura fenomenológica. É preciso um olhar teológico capaz de compreender o conteúdo e não apenas a estética do dado religioso. É preciso identificar nesse conteúdo elementos que legitimam as religiões não circunstancialmente, mas permanentemente. Isso exige um olhar plural do dado religioso na cidade, como existir em uma situação em aberto (cf. OZ, 2002). Tal deve ser o olhar teológico do pluralismo religioso, entendendo-o como algo que concorre "para uma melhor manifestação da plenitude inesgotável do Espírito de Deus" (GEFFRÉ, 2004, p. 138). Assim, não basta um simples reconhecimento genérico das religiões, mas afirmar a sua positividade como caminho pelo qual Deus percorre no seu encontro e diálogo com a humanidade. Somente com esse olhar é possível superar as inquietações que o pluralismo apresenta para muitos, desestabilizando suas convicções petrificadas e apresentando-se como universos abertos de sentido.

Tal é a postura do Papa Francisco ao propor uma cultura do encontro e do diálogo, a defesa da liberdade de consciência e ao apresentar um Deus acolhedor e misericordioso colorido pela diversidade (cf. FRANCISCO & SCALFARI, 2013, p. 68). Para Francisco, "a diversidade é bela" (cf. *EG* 230), e o pluralismo religioso pode estar compreendido nos desígnios divinos para a humanidade (cf. FRANCISCO & AL-TAYYEB, 2019). Trata-se de uma afirmação corajosa e inédita nas palavras de um pontífice católico. É a base teológica para as iniciativas de encontro e convivência pacífica entre os credos, superando todo fanatismo, fundamentalismo e proselitismo, entendidos como um desrespeito tanto ao Espírito de Deus que de alguma forma se manifesta nas diferentes formas de crer quanto ao direito à liberdade religiosa na cidade secular. São incompreensíveis as manifestações de intolerância religiosa que ali ainda se manifestam. Urge, portanto, assumir a "coragem da alteridade" e percorrer o "difícil caminho do diálogo" para além das afirmações identitárias absolutistas. Assim, construiremos juntos a cidade como meta final da humanidade destinada à "Nova Jerusalém" (cf. Ap 21,2-4), cidade santa, pois "a plenitude da humanidade e da história se realiza em uma cidade" (*EG* 71).

Referências

BENEDETTI, L.R. "A religião na cidade". In: ANTONIAZZI, A. & CALIMAN, C. (orgs.). *A presença da Igreja na cidade*. Petrópolis: Vozes, 1994, p. 61-73.

CELAM. *Documento de Aparecida*. Brasília/São Paulo: CNBB/Paulinas/Paulus, 2007.

CNBB. *Pistas para uma pastoral urbana*. São Paulo: Paulinas, 1979 [Estudos da CNBB, 22].

COMBLIN, J. *Teologia da cidade*. São Paulo: Paulinas, 1991.

CONCÍLIO VATICANO II. "Nostra Aetate". In: *Documentos do Concílio Ecumênico Vaticano II*. São Paulo: Paulus, 2007.

FERRARO, B. "Pastoral urbana hoje". In: *Vida Pastoral*, 153 [s.d.], p. 2-13 [Disponível em https://www.vidapastoral.com.br/autor/b/benedito-ferraro/pastoral-urbana-hoje/].

FRANCISCO. *Discurso no encontro inter-religioso e ecumênico em prol da paz*. Bangladesh, 01/12/2017 [Disponível em http://w2.vatican.va/content/francesco/pt/speeches/2017/december/documents/papa-francesco_20171201_viaggioapostolico-bangladesh-pace.html].

_____. *Laudato Si'*. São Paulo: Paulinas, 2015.

_____. *Evangelii Gaudium*. São Paulo: Paulus/Loyola, 2013.

FRANCISCO & AL-TAYYEB, A. *Documento sobre a fraternidade humana em prol da paz mundial e da convivência comum*. Abu Dabhi, 04/02/2019 [Disponível em http://w2.vatican.va/content/francesco/it/events/event.dir.html/content/vaticanevents/it/2019/2/4/fratellanza-umana.html].

FRANCISCO & SCALFARI, E. *Dialogo tra Credenti e non Credenti*. Milão/Roma: Einaudi/La Repubblica, 2013.

FUCHS, W. & LIMA, C.A. " Pastoral urbana: Evangelho sem redutos". In: *Estudos Teológicos*, n. 36, 1996, p. 155-164.

GALLI, M.C. *Dio vive in città* – Verso una nuova pastorale urbana. Cidade do Vaticano: Libreria Editrice Vaticana, 2014.

GEFFRÉ, C. *Crer e interpretar*: a virada hermenêutica da teologia. Petrópolis: Vozes, 2004.

GIUMBELLI, E. "A presença do religioso no espaço público: modalidades no Brasil". In: *Religião e Sociedade*, n. 28, 2008, p. 80-101.

JAMES, C. "Análise de conjuntura religioso-eclesial. Por onde andam as forças". In: *Perspectiva Teológica*, n. 28, 1996, p. 157-182.

JUSTINO LORO, T. "Perspectivas para a pastoral urbana". In: *Cultura Teológica*, vol. 55, 2006, p. 109-133.

LEFEBVRE, H. *A revolução urbana*. Belo Horizonte: UFMG, 1999.

LIBANIO, J.B. *As lógicas da cidade*: o impacto sobre a fé e sob o impacto da fé. São Paulo: Loyola, 2001.

_____. "A Igreja na cidade". In: *Perspectiva Teológica*, n. 28, 1996, p. 11-43.

MARCHINI, W.L. "Identidade cristã e pastoral urbana: método e perspectivas". In: *Ciberteologia*, 56, set.-dez./2017, p. 152-167 [Disponível em https://ciberteologia.com.br/images/edicoes/pdf/edicao_20200712143907.pdf – Acesso em 20/12/2019].

MODOOD, T. "Anti-essentialism, multiculturalism, and the 'recognition' of religious groups". In: *The Journal of Political Philosophy*, vol. 6, n. 4, 1998, p. 378-399.

MONTEIRO, D.T. "Igrejas, seitas e agências. Aspectos de um ecumenismo popular". In: *Diógenes*, vol. 2, 1982, p. 3-26.

OZ, A. *Mais uma luz*: fanatismo, fé e convivência no século XXI. São Paulo: Companhia das Letras, 2002.

PASSOS, J.D. "Teologia e cidade: panorâmica histórica e interrogações atuais". In: *Perspectiva Teológica*, n. 123, 2012, p. 257-274.

ROSENDAHL, Z. *Hierópolis*: o sagrado e o urbano. Rio de Janeiro: Ed. Uerj, 1999.

RYKWERT, J. *A ideia de cidade*. São Paulo: Perspectiva, 2006.

SANTOS, R.L. "Cidade e Igreja: os sentidos do espaço urbano na pastoral urbana". In: *Entremeios*: Revista de Estudos do Discurso, vol. 2, n. 1, jan./2011 [Disponível em http://www.entremeios.inf.br/published/11.pdf].

VITAL, C. "Religião, grafite e projetos de cidade: embates entre 'cristianismo da batalha' e 'cristianismo motivacional' na arte efêmera urbana". In: *Ponto Urbe* – Revista do núcleo de antropologia urbana da USP, n. 15, 2014 [Disponível em https://journals.openedition.org/pontourbe/2518].

WOLFF, E. *Igreja em diálogo*. São Paulo: Paulinas, 2018.

ZAHRNT, H. *A vueltas con Dios*. Saragoça: Hechos y Dichos, 1972.

Parte II
IGREJA URBANA

5
Igreja: sacramento do reinado de Deus

*Francisco de Aquino Júnior**

O grande tema do Concílio Vaticano II foi a Igreja e sua missão no mundo atual. Diferentemente de outros concílios que trataram de determinadas questões doutrinais, morais ou disciplinares e estabeleceram definições dogmáticas e condenações, o Vaticano II foi um concílio pastoral, centrado no diálogo da Igreja com o mundo moderno. Isso foi sua grande preocupação e seu grande tema.

Já na constituição apostólica *Humanae Salutis* de convocação do Concílio (25/12/1961), o Papa João XXIII dizia fazer parte do seu ministério "envidar todos os esforços para que a Igreja venha a contribuir [...] na busca de soluções idôneas para os grandes problemas humanos de nossa época" e afirmava estar em jogo aqui "a juventude sempre irradiante de nossa mãe Igreja, chamada a estar presente em todos os acontecimentos humanos e a se renovar constantemente com o passar dos séculos". E no famoso discurso *Gaudet Mater Ecclesia* na abertura do Concílio (11/10/1962), falando da finalidade do Concílio, dizia que "a Igreja deve se manter fiel ao patrimônio da verdade recebida do passado e, ao mesmo tempo, estar atenta ao presente e às novas formas de vida introduzidas pela Modernidade, que abrem perspectivas inéditas ao apostolado católico". É dever do Concílio, "além de conservar os preciosos tesouros do passado, [...] insistir no

---

* Doutor em Teologia pela Westfälischen Wilhelms-Universität Münster, Alemanha; professor de Teologia da Faculdade Católica de Fortaleza (FCF) e da Universidade Católica de Pernambuco (Unicap); presbítero da Diocese de Limoeiro do Norte – CE.

que hoje exigem os tempos, continuando a caminhada de vinte séculos de Igreja". Mais ainda: Seu "principal objetivo [...] não é o de discutir princípios doutrinais [...]. Para isso não seria preciso um concílio ecumênico". A necessidade hoje é apresentar e propor a "doutrina cristã" de um "modo novo", com um "vocabulário adequado" e em um "texto cristalino", pois "a doutrina certa e imutável [...] deve ser investigada e exposta pela razão, de acordo com as exigências da atualidade". E essa é a marca do Concílio: *aggiornamento*, atualidade, atualização...

Isso provocou uma grande reviravolta na compreensão que a Igreja tinha de si mesma e de sua missão no mundo, recuperando aspectos fundamentais da tradição, alargando seus horizontes de compreensão e de ação e oferecendo uma visão mais rica, complexa e global de seu mistério. E isso despertou renovado interesse pela Igreja e desencadeou um processo intenso de reflexão sobre ela, tornando a eclesiologia uma das áreas mais fecundas, complexas e conflitivas da teologia pós-conciliar.

Nossa reflexão aqui se insere nesse processo mais amplo de reflexão sobre a Igreja desencadeado pelo Concílio Vaticano II. E está centrada naquilo que, segundo o Concílio, constitui o cerne do mistério da Igreja: ser *sacramento de salvação ou do reinado de Deus no mundo*. Certamente, isso não esgota o mistério da Igreja que implica e necessita sempre de mediações institucionais (práticas, doutrinais, rituais, ministeriais etc.) e adequações aos novos contextos (encarnação/inculturação, renovação/reforma etc.), mas constitui seu cerne e sua razão de ser. Mediações institucionais e reformas são necessárias e essenciais na vida da Igreja, mas sempre a partir e em função de sua vocação fundamental e de maior fidelidade à sua missão. Em outras palavras: O mistério da Igreja é inseparável do mistério de Jesus Cristo, em cujo centro está o anúncio e a realização do reinado de Deus. De modo que a identidade e a missão da Igreja consistem precisamente em ser "sinal e instrumento" do reinado de Deus neste mundo. E esse é o tema de nossa reflexão. Começaremos falando da Igreja como "sinal e instrumento" do reinado de Deus neste mundo e concluiremos com algumas considerações sobre a Igreja no mundo urbano.

1 Igreja: "sinal e instrumento" do reinado de Deus no mundo

A constituição dogmática *Lumen Gentium*, sobre a Igreja, afirma, logo no primeiro número, desejar "oferecer a seus fiéis e a todo o mundo um ensinamento mais preciso sobre sua natureza e sua missão universal" (*LG* 1). E dedica todo o primeiro capítulo ao tema do "mistério da Igreja". Começa falando de Jesus Cristo como "luz dos povos" que "resplandece na face da Igreja" e da missão da Igreja de "anunciar o Evangelho a toda criatura" e "iluminar todos os homens com a claridade de Cristo". E afirma que "a Igreja é em Cristo como que o sacramento ou o sinal e instrumento da íntima união com Deus e da unidade de todo o gênero humano" (*LG* 1).

Essa afirmação é fundamental e decisiva para compreender o mistério da Igreja e é retomada várias vezes com pequenas variações nos documentos conciliares: A Igreja "recebeu a missão de anunciar o Reino de Cristo e de Deus, de estabelecê-lo em todos os povos e desse Reino constitui na terra o germe e o início" (*LG* 5); "Cristo foi enviado pelo Pai para 'evangelizar os pobres, sanar os contritos de coração', 'procurar e salvar o que tinha perecido': semelhantemente a Igreja cerca de amor todos os afligidos pela fraqueza humana, reconhece mesmo nos pobres e sofredores a imagem de seu fundador pobre e sofredor, faz o possível para mitigar-lhes a pobreza e neles procura servir a Cristo" (*LG* 8); "Deus convocou e constituiu a Igreja [...] a fim de que ela seja para todos e para cada um o sacramento visível dessa salutífera unidade" (*LG* 9); Cristo constituiu a Igreja por meio do Espírito "como sacramento universal de salvação" (*LG* 48); "A promoção da unidade se harmoniza com a missão da Igreja, porquanto ela é 'em Cristo como que um sacramento ou sinal e instrumento da união profunda com Deus e da unidade de todo o gênero humano'" (*GS* 42); "todo o bem que o povo de Deus, no tempo de sua peregrinação terrestre, pode prestar à família dos homens, deriva do fato de ser a Igreja 'o sacramento universal de salvação', manifestando e ao mesmo tempo operando o mistério de amor de Deus para com o homem" (*GS* 45); "enviada por Deus às nações para ser 'o sacramento universal de salvação, esforça-se a Igreja por anunciar o

Evangelho a todos os homens" (*AG* 1); "antes de ser assumido ao céu [Cristo] fundou sua Igreja como sacramento da salvação" (*AG* 5).

E a constituição pastoral *Gaudium et Spes*, sobre a Igreja no mundo de hoje, destaca e desenvolve de modo particular a referência constitutiva e fundamental da Igreja ao mundo: Ela é e deve ser sempre mais sacramento de salvação ou do reinado de Deus *no mundo*: "A comunidade cristã se sente verdadeiramente solidária com o gênero humano e com sua história" (*GS* 1). E de tal modo que "as alegrias e as esperanças, as tristezas e as angústias dos homens de hoje, sobretudo dos pobres e de todos os que sofrem, são também as alegrias e as esperanças, as tristezas e as angústias dos discípulos de Cristo. Não se encontra nada verdadeiramente humano que não lhes ressoe no coração" (*GS* 1). Por essa razão, o Concílio deseja estabelecer um "diálogo" do "povo de Deus congregado por Cristo" com "toda a família humana, à qual esse povo pertence" sobre os "vários problemas" que afetam a humanidade nos dias atuais, "iluminando-os [com] a luz tirada do Evangelho e fornecendo ao gênero humano os recursos de salvação que a própria Igreja, conduzida pelo Espírito Santo, recebe de seu fundador". Com isso, a Igreja não pretende outra coisa senão "continuar a obra do próprio Cristo que veio ao mundo para dar testemunho da verdade, para salvar e não para condenar, para servir e não para ser servido" (*GS* 3).

A razão última da abertura, do diálogo e do serviço da Igreja ao mundo tem a ver com sua missão de ser "sinal e instrumento" de salvação ou do reinado de Deus no mundo. Enquanto presente no mundo e a serviço da salvação do mundo, a Igreja está constitutivamente referida ao mundo. Ela não pode se pensar e se configurar independentemente do mundo nem muito menos em oposição a ele. Enquanto lugar e destinatário da missão da Igreja, o mundo é um momento do processo mesmo em que essa missão salvífica se realiza. Não há lugar aqui para oposição entre Igreja e mundo (cf. *GS* 43). A preocupação e o envolvimento com os problemas do mundo aparecem como algo constitutivo da missão da Igreja (cf. *GS* 11, 42, 89). O documento chega a afirmar que o "divórcio entre a fé professada e a vida cotidiana de muitos deve ser enumerado entre os erros mais graves do nosso tempo" e que "ao negligenciar os seus deveres temporais, o cristão negligencia os seus deveres para com o próximo e o próprio Deus e coloca em perigo a sua salvação eterna" (GS 43).

Desse modo, a *Igreja* deve ser sempre compreendida e dinamizada em referência a *Jesus Cristo e seu Evangelho do reinado de Deus* e em referência ao *mundo* no qual ela deve ser "sinal e instrumento" do reinado de Deus. Essa dupla referência ao "reinado de Deus" e ao "mundo" constitui o cerne do "mistério da Igreja": sua identidade e missão. Por isso mesmo, convém retomar e insistir nesse ponto.

Igreja-reinado de Deus

Antes de tudo, convém insistir no fato de que o mistério da Igreja é inseparável do mistério de Jesus Cristo. E, na medida em que no centro da vida e missão de Jesus estavam o anúncio e a realização do reinado de Deus, no centro da vida e missão da Igreja só podem estar o anúncio e a realização do reinado de Deus.

Os evangelhos não falam de Jesus nem como mestre da Lei nem como sacerdote do Templo. Ele não se dedica a ensinar uma "doutrina religiosa" nem um conjunto de "normas e leis morais", por mais que se possa reconhecer e identificar aspectos doutrinais e morais em sua vida e pregação. Jesus anuncia com ações e palavras a proximidade do reinado de Deus e chama à conversão a esse Evangelho (cf. Mc 1,14s.; Mt 4,12.17; Lc 4,14s.). Aqui está "o coração da sua mensagem, a paixão que animou toda a sua vida e também a razão pela qual foi executado" (PAGOLA, 2019, p. 55). Isso constitui o "centro de sua atividade" ou "o ponto central em torno do qual tudo mais se organiza, não só sua mensagem como também sua atividade de curar enfermos e de operar milagres e seu imperativo ético" (GNILKA, 2000, p. 83). Toda sua vida foi "uma celebração desse reinado" e "um exemplo de como se deve viver nesse Reino de Deus" (SCHILLEBEECKX, 2008, p. 16).

O reinado de Deus não aparece nos evangelhos como uma nova doutrina ou uma nova lei, mas antes e, sobretudo, como um estilo de vida: "a vida tal como Deus a deseja construir". É curioso que Jesus não define o reinado de Deus, mas indica com gestos e parábolas "como Deus age e como seria a vida se houvesse gente que age como ele" (PAGOLA, 2019, p. 55). Se *Deus* é bom e misericordioso, age como um pai que ama seus filhos, que os perdoa e os acolhe, que os socorre em suas necessidades; o *Povo de Deus* deve viver na fraternidade com todos e no amor até com os inimigos, deve exercitar o perdão, deve pagar o mal com o bem e deve ser misericordioso para com a humanidade sofredora. A relação filial com Deus se vive na relação fraterna com os irmãos. O amor fraterno é a marca fundamental desse modo de vida que é indicado e proposto por Jesus em termos de reinado de Deus: "Como eu vos amei, assim também vós deveis amar-vos uns aos outros. Nisso conhecerão todos que sois meus discípulos: se tiverdes amor uns para com os outros" (Jo 1,5); "Este é o meu mandamento: que vos ameis uns aos outros, assim como eu vos amei" (Jo 15,12).

E esse amor fraterno tem um dinamismo de misericórdia que, como recorda o Papa Francisco, consiste literalmente (*miseris-cordare*) em "dar o coração aos míseros, aos que têm necessidade, aos que sofrem" (FRANCISCO, 2016, p. 23) e que tem nos caídos à beira do caminho (cf. Lc 10,25-37) ou na humanidade sofredora (cf. Mt 25,31-46) sua prova de fogo ou sua medida escatológica. Não por acaso, os pobres, os marginalizados e os sofredores ocupam lugar central na vida e missão de Jesus e são os destinatários privilegiados do reinado de Deus por Ele anunciado e inaugurado. Joachim Jeremias, exegeta alemão, afirma que o "traço decisivo" do reinado de Deus consiste precisamente na "oferta de salvação feita por Jesus aos pobres" (JEREMIAS, 2008, p. 176). E Jacques Dupont, exegeta belga, na mesma direção, recorda que, nos evangelhos, "os pobres são vistos como os beneficiários privilegiados do Reino de Deus" e que esse privilégio não deve ser procurado "por uma análise gratuita da psicologia dos próprios pobres, mas no conteúdo mesmo da Boa-nova que lhes é anunciada" (DUPONT, 1976, p. 51). E isso só pode ser compreendido em referência ao "ideal régio" do Antigo Oriente Próximo, no qual "o rei, por sua própria missão, é o defensor daqueles que não são capazes de se defender por si mesmos"

(DUPONT, 1976, p. 53). Nesse sentido, diz Dupont, "poder-se-á compreender perfeitamente que o anúncio do advento do Reino de Deus constitui uma boa-nova, precisamente para os pobres e para os desgraçados" (DUPONT, 1976, p. 54).

Se a Igreja é o "corpo de Cristo" e se sua missão é continuar a missão de Jesus, ela só pode ser entendida a partir e em função do reinado de Deus. Por isso mesmo, o Concílio fala da Igreja como "sacramento" da salvação ou do reinado de Deus. E em um duplo sentido. Ela deve ser "sinal" do reinado de Deus: lugar onde Deus reina, lugar onde se vive de acordo com a vontade de Deus: fraternidade, perdão, acolhida, serviço, humildade, solidariedade etc. E deve ser "instrumento" ou mediação do reinado de Deus no mundo: lugar de manifestação e fonte de irradiação; sal da terra, luz do mundo, fermento na massa etc. Em outras palavras: Ela se constitui como sacramento de salvação ou do reinado de Deus, *"manifestando* e ao mesmo tempo *operando* o mistério do amor de Deus para com o homem" (*GS* 45). Daí a insistência do Papa Francisco na urgência de a Igreja "voltar à fonte e recuperar o frescor original do Evangelho" (*EG* 11). Disso dependem seu vigor evangélico e sua relevância histórica.

Igreja-mundo

Se a Igreja deve ser "sacramento" do reinado de Deus no mundo, não pode ser indiferente ao mundo. Por mais que o reinado de Deus não se esgote em nenhum acontecimento histórico concreto, nem mesmo no conjunto da história, é algo que já está presente e operante no mundo e que já deve ser vivido aqui e agora. E a missão da Igreja, enquanto "sinal e instrumento" do reinado de Deus, é fermentar o mundo com esse dinamismo inaugurado e proposto por Jesus. De modo que o senhorio de Deus vá se tornando realidade na vida das pessoas, na comunidade dos crentes e no conjunto da sociedade – até que "Deus seja tudo em todos" (1Cor 15,28).

Vale a pena ler com atenção aqui uma afirmação da *Gaudium et Spes* que, não raras vezes, é utilizada para distorcer seu sentido fundamental: "A missão própria que Cristo confiou à sua Igreja por certo não é de ordem política, econômica ou social. Pois a finalidade que Cristo lhe prefixou é de ordem religiosa. Mas, na verdade, dessa mesma missão decorrem benefícios, luzes e forças que podem auxiliar a organização e o fortalecimento da comunidade humana segundo a lei de Deus" (GS 42).

A propósito desse texto, afirma Ignacio Ellacuría: "É preciso esclarecer, aqui, o que significa que a missão não é de ordem política, econômica ou social, esclarecimento exigido pelo próprio texto que fala de como a missão religiosa reverte sobre o político, o econômico e o social. Efetivamente, a Igreja tem uma missão própria que não se identifica com a missão do Estado, nem com a dos partidos políticos, nem com a das empresas, nem com a dos sindicatos, nem com a das próprias organizações populares. Distingue-se de todas essas instituições pelo fim que a Igreja pretende e pelos meios que lhe são próprios, mas não se distingue por se referir ao que não fosse próprio das outras instituições. Nada do humano é estranho ao cristianismo; o próprio do cristianismo é o fim que se persegue com o humano e os meios com os quais se busca a realização desse fim. Daí que a missão da Igreja tenha a ver com o político, com o econômico e com o social. Não é dessas ordens, mas tem a ver com cada uma delas. O Concílio formula esse ter a ver em termos de ter funções, luzes e energias para que a sociedade humana seja como Deus quer. Portanto, a Igreja tem que introduzir no político, no econômico e no social não apenas luzes e energias, mas também funções que deem mais realidade a essas luzes e energias" (ELLACURÍA, 1993, p. 693).

Além do mais, é preciso ter em conta que por se tratar de um dinamismo de vida, a vida vivida segundo Deus, o reinado de Deus não pode ser tomado de modo abstrato e genérico, sem considerar a situação concreta das pessoas e das sociedades e, sobretudo, dos pobres, marginalizados e sofredores de cada sociedade. A vida e o mundo sobre os quais Deus quer reinar são nossa vida concreta e nosso mundo concreto. Produzir um discurso genérico e abstrato sobre salvação ou reinado de Deus sem referência direta e explícita à nossa vida e ao nosso mundo é uma forma sutil de banalização e rejeição do reinado de Deus que mantém nossa vida e nosso mundo como estão, esvazia o sentido da conversão e impede o senhorio de Deus em nossa vida.

É importante ver como Jesus anuncia o reinado de Deus sempre em referência a pessoas, situações, costumes, doutrinas, leis e poderes de seu tempo. Parte sempre de *situações concretas*, frente às quais reage de uma determinada maneira que é apresentada como sinal da proximidade do *reinado de Deus* e chama à *conversão*. E é importante também ver como esse anúncio se faz sempre a partir e em função das vítimas da sociedade em que vivia: pobres, leprosos e possessos, pagãos e samaritanos, prostitutas e pecadores, mulheres, crianças e doentes, publicanos etc. É precisamente para estes que o reinado de Deus aparece como evangelho ou boa notícia. É a partir deles e no serviço a eles que Jesus chama todas as pessoas à conversão a esse reinado de Deus que vai se tornando realidade na fraternidade com os últimos da sociedade.

De modo que o ser "sinal e instrumento" do reinado de Deus que caracteriza a Igreja deve se dar sempre em referência ao mundo concreto onde a Igreja está inserida e a partir das vítimas desse mundo. É aí que Deus quer reinar e são as realidades concretas desse mundo que precisam ser transformadas a partir do senhorio de Deus. Não basta uma defesa da vida, da paz e da justiça em termos genéricos e abstratos sem referência direta e explícita às vítimas e seus agressores. Tanto as vítimas quanto os agressores têm nome e endereço. E as situações de violência, injustiça e morte são muito concretas: pobreza e miséria, sem terra e sem teto, indígenas e quilombolas, favelas e áreas de risco, dependência química, violência policial, tráfico e facções criminosas, milícias, população em situação de rua e catadores de material reciclável, migrantes, encarcerados, idosos, negros, mulheres, população LGBTQI+ etc. É a partir dessas situações concretas e de suas vítimas que a Igreja, como Jesus, deve anunciar o reinado de Deus e chamar à conversão. Deve ser um "sinal" da misericórdia de Deus para com as vítimas dessa sociedade e um "instrumento" de Deus na realização de seu reinado de fraternidade, justiça e paz, "manifestando e ao mesmo tempo operando o mistério do amor de Deus para com o homem" (*GS* 45).

2 Igreja no mundo urbano

As novas *Diretrizes gerais da ação evangelizadora da Igreja no Brasil* se confrontam com o desafio da evangelização no mundo urbano (cf. *DGAE* 28-32). De fato, o Brasil se tornou um país urbano. O censo de 2010 mostra que a população urbana passou de 31% (1940) para 84% (2010) e que 56,9% da população vive em municípios com mais de 100 mil habitantes, o que corresponde a apenas 5,46% dos municípios do país. Nesse contexto, os bispos se perguntam: Como "evangelizar no Brasil cada vez mais urbano?"

Falar de mundo urbano é falar de uma *forma de organização social do espaço* (geografia urbana) que produz um *modo de vida* (cultura urbana). Esses aspectos são inseparáveis e se determinam mutuamente, de modo que não podem ser considerados independentemente um do outro. Infelizmente, o texto das *Diretrizes* não compreende e não explicita adequadamente essa mútua implicação entre modo de vida e forma de organização social do espaço, centrando-se no tema da cultura urbana como se fosse algo independente do espaço urbano e restrito ao âmbito das relações pessoais. Em todo caso, oferece indicações importantes e preciosas para a ação evangelizadora no mundo urbano que convém retomar e formular em um horizonte mais amplo.

Antes de tudo, a insistência na centralidade do *Evangelho de Jesus Cristo* que é o *Evangelho do reinado de Deus*. Aliás, esse é o tema do primeiro capítulo das *Diretrizes*: o anúncio do Evangelho de Jesus Cristo. Isso é *dom* de Deus (*DGAE* 13) e *missão* da Igreja (*DGAE* 14). E deve ser entendido e vivido a partir dos evangelhos, nos quais, como indicamos acima, aparece não simplesmente como uma doutrina religiosa ou um conjunto de leis e regras morais, mas como um modo de vida: amor, fraternidade, perdão, serviço, humildade, compaixão, solidariedade etc. (cf. *DGAE* 20, 24-26). Esse é o Evangelho ou a Boa Notícia que a Igreja deve anunciar com palavras e gestos no mundo urbano (*DGAE* 19-26). E, embora isso possa parecer muito evidente e normal, a realidade concreta de nossas comunidades, pastorais e movimentos, centrada na doutrina, nos sacramentos e nas devoções, mostra quão distantes estamos do Evangelho. Enquanto no centro da vida e missão de Jesus estava a humanidade sofredora, no centro da vida e missão de nossas comunidades, pastorais e movimentos estão as práticas religiosas. Chama atenção a dificuldade na Igreja de manter até serviços básicos de visita a idosos, doentes e encarcerados, para não falar da resistência em colaborar ou mesmo da aversão para com as lutas por direito e justiça social. Uma comparação entre a prática de Jesus e a prática eclesial atual é fundamental não apenas para perceber o afastamento da Igreja do caminho de Jesus; mas, sobretudo, para nos ajudar a retomar o caminho. O desafio, aqui, como bem colocou o Papa Francisco, é "voltar à fonte e recuperar o frescor original do Evangelho" (*EG* 11). Ou, como tem insistido José Antonio Pagola, "voltar a Jesus" (PAGOLA, 2015), "recuperar o projeto de Jesus" (PAGOLA, 2019). Em outras palavras, trata-se de levar a sério a missão de ser "sinal e instrumento" do reinado de Deus no mundo urbano, isto é, fermentar este mundo com o dinamismo do Evangelho de Jesus Cristo que é um Evangelho de fraternidade, justiça e paz.

Em segundo lugar, a insistência na *pequena comunidade* (*DGAE* 80, 82, 84) como "ambiente de vivência da fé e forma de presença da Igreja na sociedade" (*DGAE* 144). A pequena comunidade possibilita "um ambiente humano de proximidade e confiança que favorece a partilha de experiência, a ajuda mútua e a inserção nas variadas situações" (*DGAE* 34); vence "o anonimato e a solidão", promove a "mútua ajuda" e abre "para a sociedade e o cuidado da Casa Comum" (*DGAE* 84); ajuda "encontrar critérios para interpretação e interação com a realidade" (*DGAE* 28); oferece "meios adequados para o crescimento na fé, para o fortalecimento na comunhão fraterna, para o engajamento na missão e a renovação da sociedade" (*DGAE* 33); suscita carismas e ministérios (*DGAE* 86, 87); constitui-se como "testemunho do Evangelho encarnado na história, encravado nas realidades, comprometido com as dores e as lutas dos homens e das mulheres, dos jovens, das crianças e dos idosos do nosso país, expressão de uma realidade nova: o Reino de Deus" (*DGAE* 1.125). Por tudo isso, a comunidade aparece nas *Diretrizes* como "resposta" aos desafios urbanos (*DGAE* 203) e como "prioridade da ação evangelizadora" ou "referencial concreto para a conversão pastoral" (*DGAE* 36). É a grande contribuição dessas *Diretrizes*. Aparentemente, nenhuma novidade, pois é comum falar da Igreja como comunidade. Mas é preciso reconhecer que esse caráter comunitário que marca tão fortemente os primórdios da Igreja foi se perdendo ou se diluindo ao longo dos séculos. Só aos poucos isso foi sendo retomado nos últimos tempos. O Concílio Vaticano II fala da Igreja como "Povo de Deus". As conferências de Medellín e Puebla concretizam esse Povo de Deus em termos de "Comunidades Eclesiais de Base". Mas isso se perdeu muito nas últimas décadas. As comunidades foram se transformando ou se reduzindo a comunidades de culto/devoção e catequese/doutrina, em prejuízo da vida comunitária e do compromisso com a justiça social (cf. AQUINO JÚNIOR, 2019a, p. 107-123). Insistir na formação de pequenas comunidades, alicerçadas na Palavra, no Pão e na caridade, é insistir em algo que é constitutivo da identidade da Igreja e fundamental para o exercício de sua missão no mundo urbano.

Por fim, em terceiro lugar, a insistência no *caráter missionário da comunidade*. A "ação missionária" aparece como um dos pilares da comunidade (cf. *DGAE* 8, 83, 144) e a própria comunidade é nomeada redundantemente em termos de "comunidade eclesial missionária". Trata-se de afirmar o vínculo indissolúvel entre comunidade e missão (cf. *DGAE* 7, 18, 83). Mas é preciso entender bem em que consiste a missão cristã. Não se trata simplesmente de promover movimentos e eventos religiosos para atrair fiéis (visitas missionárias, santas missões populares, festas de padroeiro, *shows* religiosos etc.). Trata-se antes e acima de tudo de vivência comunitária do Evangelho e de propagação do dinamismo evangélico na sociedade. "O modelo para nossa ação é e sempre será a comunidade dos primeiros cristãos, perseverantes na escuta dos apóstolos, na comunhão fraterna, na partilha do pão, nas orações e na missão" (*DGAE* 125). A comunidade é o "estilo da vida cristã" e é "testemunho do Evangelho encarnado na história" (*DGAE* 125). Sua missão é viver e fermentar o mundo com o Evangelho de Jesus Cristo; "fazer com que o Evangelho chegue ao coração das pessoas, às estruturas da sociedade e às diversas culturas" (*DGAE* 41). A evangelização deve ser integral, atingindo e configurando todos os âmbitos e todas as dimensões da vida (cf. *DGAE* 4, 18, 41, 60). Infelizmente, há uma tendência na Igreja a reduzir a missão evangelizadora ao âmbito pessoal e comunitário, deixando de lado a dimensão propriamente social da vida. Fala-se muito de "conversão do coração", mas praticamente já não se fala de "transformação da sociedade". Aliás, isso saiu até do objetivo geral da ação evangelizadora da Igreja do Brasil. As próprias *Diretrizes* são vítimas desse reducionismo. Tem páginas belíssimas sobre a vida comunitária e a transformação pessoal, mas deixa sempre na penumbra ou trata de modo muito genérico e abstrato o empenho e a colaboração da Igreja nos processos de transformação da sociedade, denunciando de maneira clara e decidida as injustiças sociais e defendendo e apoiando as lutas por direitos das maiorias pobres e marginalizadas da sociedade, como fez Jesus de Nazaré e como tem feito com tanta firmeza e determinação o Papa Francisco (cf. AQUINO JÚNIOR, 2019b).

Importa, pois, pensar e dinamizar a ação evangelizadora da Igreja a partir da vivência pessoal e comunitária do Evangelho do reinado de Deus e de sua propagação no mundo, de modo que possa ir atingindo e como que configurando por dentro todos os âmbitos e todas as dimensões da vida humana: pessoal, comunitária e social. Nisso, precisamente, consiste a missão da Igreja de ser "sacramento" ou "sinal e instrumento" de salvação ou do reinado de Deus neste mundo cada vez mais urbano. Os pobres e marginalizados de nossa sociedade são, nele, testemunhas e juízes de nossa (in)fidelidade à missão que o Senhor nos confiou (cf. Mt 25,31-46).

Referências

AQUINO JÚNIOR, F. *Renovar toda a Igreja no Evangelho*: Desafios e perspectivas para a conversão pastoral da Igreja. Aparecida: Santuário, 2019a.

_____. "Diretrizes gerais da ação evangelizadora da Igreja do Brasil 2019-2023". In: *Perspectiva Teológica*, 52, 2019, p. 539-554.

CNBB. *Diretrizes gerais da ação evangelizadora da Igreja no Brasil 2019-2023*. Brasília: CNBB, 2019.

DUPONT, J. "Os pobres e a pobreza segundo os ensinamentos do Evangelho e dos Atos dos Apóstolos". In: DUPONT, J.; GEORGE, A. et al. *A pobreza evangélica*. São Paulo: Paulinas, 1976.

ELLACURÍA, I. "Comentarios a la carta pastoral". In: *Escritos políticos*. Vol. II. San Salvador: UCA, 1993, p. 679-732.

FRANCISCO. *Ano santo da misericórdia*: 100 textos para meditação. Petrópolis: Vozes, 2016 [seleção e compilação de Luis M. Benevides].

_____. *Exortação apostólica* Evangelii Gaudium. São Paulo: Paulinas, 2013.

GNILKA, J. *Jesus de Nazaré*: mensagem e história. Petrópolis: Vozes, 2000.

JEREMIAS, J. *Teologia do Novo Testamento*. São Paulo: Hagnos, 2008.

PAGOLA, J.A. *Recuperar o projeto de Jesus*. Petrópolis: Vozes, 2019.

_____. *Voltar a Jesus*: para a renovação das paróquias e comunidades. Petrópolis: Vozes, 2015.

SCHILLEBEECKX, E. *Jesus, história de um vivente*. São Paulo: Paulus, 2008.

VIER, F. (org.). *Compêndio do Vaticano II*: Constituições, decretos, declarações. Petrópolis: Vozes, 1995.

6
Uma Igreja de rosto urbano

Mario de França Miranda*

O problema da pastoral urbana é bastante complexo e já motivou textos do Concílio Vaticano II, das assembleias do Celam e da CNBB, sem falar da copiosa literatura sobre a temática, provinda, sobretudo, da América Latina e centralizada nas Comunidades Eclesiais de Base (cf. FERRARO, 2019, p. 312-324). Limitaremos nosso texto a apenas um ponto dessa temática; a saber, a *diversidade cultural* presente nas cidades, seu impacto na comunidade eclesial e em sua missão evangelizadora. Naturalmente outras questões pertinentes à temática também serão mencionadas devido à complexidade da pastoral urbana, mas só de passagem, pois serão devidamente consideradas nos demais capítulos desta obra. Observemos ainda que já existem grupos bíblicos, ou de partilha de vida, que já realizam de certo modo o que constitui as pequenas comunidades eclesiais.

Elaboraremos esta reflexão em três etapas. Na primeira, elencaremos algumas *noções básicas* aqui pressupostas, provindas tanto da fé cristã quanto também da antropologia cultural. Tais noções se revelarão de suma importância no desenrolar desta reflexão e já explicarão alguns impasses pastorais provenientes das cidades em nossos dias. Em seguida vamos abordar o que nos parece ser a *configuração eclesial* que melhor responde ao desafio da diversidade cultural presente no espaço urbano. Trata-se da parte principal do texto, fundamentada

---

* Possui graduação em Filosofia pela Faculdade de Filosofia Nossa Senhora Medianeira (1962), mestrado em Teologia pela Faculdade de Teologia da Universidade de Innsbruck (1968) e doutorado em Teologia pela Universidade Gregoriana (1974). Atualmente é professor-associado da Pontifícia Universidade Católica do Rio de Janeiro, membro do corpo editorial da *Atualidade Teológica*.

em uma opção explícita por grupos eclesiais menores identificados pelos termos: "Palavra", "Pão", "caridade" e "missão". A importância e a pertinência dessa configuração eclesial se evidenciarão a partir dos questionamentos expostos na primeira parte desta reflexão. Enfim, em uma terceira e última parte, abordaremos a necessária salvaguarda da unidade e da visibilidade eclesial sempre exercida pela paróquia, mas que hoje deve se concretizar diversamente devido aos novos desafios urbanos.

1 Algumas noções subjacentes ao texto

Entendemos o "ser cristão" a partir primeiramente do *vivido* (Jo 13,35), sem negar a importância das expressões dessa vida (doutrinas, celebrações, comunidades). Essa verdade já apresenta o objetivo principal de qualquer pastoral cristã, a saber, atingir o cotidiano de homens e mulheres a ser iluminado, animado, motivado e estruturado pelas palavras e ações de Jesus Cristo. Sabemos como proclamou e realizou o que chamava de "Reino de Deus", revelando o amor infinito do Pai pela humanidade que quer a felicidade e a vida de todos (Jo 10,10).

Assumir e viver os valores presentes na vida de Jesus Cristo define de antemão a fé cristã como um *processo* de assimilação que acompanha toda a existência do cristão. Tudo o que nos oferece a Igreja pertence à categoria de "meios" em vista dessa finalidade: a Palavra de Deus, os sacramentos, a comunidade dos fiéis, o testemunho de vida de tantos cristãos, as espiritualidades e as devoções, que só se justificam enquanto atingem a vida concreta dos fiéis. Falar de uma separação entre fé e vida já denota uma compreensão inadequada da fé, que se vê reduzida a seu aspecto meramente nocional.

Por outro lado, devemos considerar também que o cristianismo consiste em uma *realidade simbólica*, ao manifestar um Deus transcendente ao mundo, invisível, inacessível, em uma palavra, mistério para o ser humano. O cristianismo não é Deus, mas todo ele deve remeter a revelar e tornar presente na vida humana o próprio Deus. Por meio de Jesus Cristo, sacramento (sinal) do Pai (Jo 14,9) e da Igreja "sinal e instrumento da íntima união com Deus" (*LG* 1) chegamos a conhecer como Ele se comporta conosco, permitindo assim entrever seu rosto, revelado em seu amor misericordioso pelo ser humano. Sabemos que Deus pode, por meio do Espírito Santo, tocar o coração humano mesmo que este não o conheça explicitamente (Mt 25,31-40), embora essa ação salvífica tenda a se manifestar em sua plenitude em um horizonte cristão e eclesial. Essa observação não diminui a missão evangelizadora da Igreja, mas alerta-a para ações e práticas "crísticas", mas ainda não conscientemente "cristológicas" por faltar a adesão *explícita* à fé cristã, quaisquer que sejam os motivos dessa ausência. Advertência oportuna em nossos dias devido às versões secularizadas de valores cristãos, assumidos por muitos de nossos contemporâneos.

Fundamental aqui é retermos a importância decisiva da *linguagem* no cristianismo, entendendo-se linguagem em toda sua amplitude semântica: palavras, gestos, práticas, ritos, comunidades, instituições, músicas, pinturas e esculturas. Na atual crise da fé em Deus, sabemos o grande peso que ainda tem a representação (linguagem) de Deus veiculada no passado, fonte de alguns problemas hoje, e distinta em certos aspectos do Deus revelado na pessoa de Jesus Cristo. Falarmos de linguagem nessa acepção ampla significa falarmos de cultura, a saber, o conjunto de sentidos, valores, padrões de comportamento subjacentes à vida de um grupo social que caracteriza um contexto sociocultural. Ela possibilita ao ser humano ter uma identidade social e se relacionar com seus semelhantes. Mais importante do que a cultura como representação é a cultura vivida no cotidiano, mesmo que não conscientemente. A fé cristã, enquanto proclamação e prática, só será devidamente recebida e praticada se conseguir se fazer entender e for vivida dentro de cada respectiva cultura. Caso contrário, será um corpo estranho carente de pertinência e sentido para um grupo humano.

Aqui reside já uma séria dificuldade para a pastoral urbana. Pois a cultura das cidades é "complexa e plural" *(DAp 509)*, já que nelas encontramos diversas categorias sociais, diversos tipos de bairros, diversas mentalidades, que denotam contextos socioculturais múltiplos com seus desafios e modos de vida diferentes (*DAp* 512). Se, de um lado, a cultura urbana em sua rica diversidade oferece mais liberdade e oportunidades, por outro, favorece também a violência, a pobreza, o individualismo e a exclusão, ainda que amenizados por gestos de solidariedade e de fraternidade (*DAp* 514). Essa disparidade plural de situações urbanas constitui sem dúvida o grande obstáculo à pastoral urbana.

Ora, a fé cristã só será uma realidade vivida se conseguir fecundar *de dentro* o cotidiano das pessoas, devendo, por conseguinte, ser captada nos próprios horizontes culturais dessas pessoas e ser traduzida em ações adequadas à realidade que constitui o seu contexto existencial. A primeira condição exige do evangelizador uma *linguagem condizente* que possa ser entendida, seja na proclamação da mensagem, seja nas celebrações, seja nas orientações de cunho ético. Só nesse particular tem a Igreja uma ingente tarefa de tradução, pois muitos vocábulos amplamente empregados na pregação e na liturgia são simplesmente incompreensíveis para o católico médio. Quando os sinais, que deveriam mediatizar o mistério, já não são entendidos, então não nos deve admirar o desinteresse por parte de muitos pelos sermões e pelos atos litúrgicos. Herdamos muita riqueza do passado; mas, atualmente, expressa em uma linguagem fiel à letra, mas sem fornecer seu significado (*EG* 41). A diversidade cultural das cidades agrava ainda mais essa exigência de inculturação, lançando a pergunta sobre a possibilidade de uma metalinguagem, acessível a todos, que para alguns estaria no testemunho de vida.

Há ainda *outro desafio* muito próprio de nossa época que diz respeito não propriamente ao evangelizador, mas ao evangelizando. Não vivemos mais na época da Cristandade na qual seus membros compreendiam expressões e ritos da Igreja por estarem imersos em uma cultura cristã hegemônica. Hoje já não podemos mais contar com uma visão cristã da realidade por parte de nossos contemporâneos. Portanto, ainda que consigamos a tradução adequada da mensagem evangélica, eles não conseguirão perceber em nossas palavras e gestos a presença salvífica de Deus por lhes faltar a correta chave de compreensão. Constatamos hoje símbolos cristãos recebendo significações deformantes e espúrias! Portanto, o problema não está somente no emissor, mas também no receptor. Esse fato agrava ainda mais o desafio acima exposto.

A celebração eucarística nas grandes metrópoles coloca o celebrante diante de um auditório bastante diversificado, vivendo realidades diferentes e sofrendo situações existenciais desiguais, um verdadeiro desafio para a linguagem utilizada na homilia! Por outro lado, a frequência à missa dominical ou a solicitação de outros sacramentos não garante, *per se*, que tais mediações da presença salvífica de Deus estejam realmente sendo compreendidas e experimentadas como tais, ou que se mantenham apenas como tradições a serem conservadas por obrigação de cumpri-las ou por medo de abandoná-las. Aqui se explica um catolicismo muito preocupado com a exatidão doutrinária e ritual, e menos atento às consequências vivenciais de seus sinais sagrados.

2 A opção por pequenas comunidades eclesiais

A paróquia tradicional nasceu em ambiente rural, daí sua deficiência nos grandes e médios centros urbanos, embora em graus bem diversos nos vários bairros. Pois, nas cidades, o fator território se encontra relativizado pela facilidade de locomoção, pelos problemas e interesses próprios de cada local ou bairro ou ainda pelo individualismo cultural. A decorrente e tão propalada solidão das metrópoles não encontra solução nas enormes paróquias, nas quais temos mais uma coletividade do que propriamente uma comunidade, agravada pela escassez do clero que descarrega sobre os párocos um fardo acima de suas possibilidades.

Sabemos que *comunidade humana* propriamente dita só existe quando certas condições são realizadas. Primeiramente que as pessoas realmente se conheçam, que se ajudem mutuamente, e que busquem objetivos comuns. Por conseguinte, ela pressupõe experiências comuns, acessíveis a todos de um grupo humano, que as compreende e avalia do mesmo modo, a tal ponto que possa despertar ações comuns por parte de seus membros. Naturalmente, esses pressupostos não se encontram nos habitantes das cidades devido à diversidade das classes sociais, da formação cultural, dos desafios enfrentados, da escala de valores, ou da própria linguagem local. Geralmente o grupo fiel e mais próximo à vida paroquial, sem dúvida muito importante nas atividades pastorais nela desenvolvidas, não representa a enorme multidão de paroquianos não diretamente atingidos pelas mesmas atividades, estando inclusive distantes delas. Desse modo, a paróquia, para muitos, é considerada praticamente como apenas uma agência fornecedora de sacramentos ou pronto-socorro para dramas ocasionais. Essa situação vem muito bem descrita em um discurso de Bento XVI (cf. *DGAE* 35).

Não vemos outra saída a não ser na constituição de grupos humanos mais homogêneos do ponto de vista existencial e cultural, cuja existência resulte da mesma fé cristã por todos partilhada e vivida (cf. *Med* 15, 10). Naturalmente não podemos negar o peso que tem os laços de amizade ou de afinidade cultural que facilitam a formação de comunidades fundadas no afeto recíproco (cf. AMADO, 2001, p. 112s.). Mas insistimos em um ponto: a formação do grupo, sem ignorar os laços de família, de amizade, de localidade, de vida profissional, deve priorizar o que decorre da fé em Jesus Cristo e de seu projeto do Reino de Deus. Somente assim podemos entender os quatro componentes que constituem a vida das *pequenas comunidades eclesiais* que elencaremos a seguir (cf. *DGAE* 33).

Primeiramente a escuta da Palavra de Deus: o conhecimento das palavras e das ações de Jesus Cristo, seja por uma leitura direta da Sagrada Escritura, seja por meio de autores que a explicam e atualizam demonstrando sua pertinência em nossos dias. Em uma época em que somos bombardeados por tantos discursos que refletem as características do individualismo, do consumismo, da busca do lucro a todo custo, é importante estarmos equipados com uma atitude consciente e crítica fundamentada nos valores evangélicos. Pois muitos contemporâneos nossos vivem em contínua agitação querendo "curtir" tudo, aproveitar todas as oportunidades, escravizando-se a um consumo desenfreado. Mais cedo ou mais tarde se perguntam pelo sentido disso tudo e entram em cansaço e depressão. Já a Palavra de Deus nos oferece o sentido último de nossa vida e orienta nossos passos na grande aventura que é a vida humana (cf. *DGAE* 110). A Palavra de Deus não é apenas para ser sabida, pois ela é sempre uma Palavra que nos interpela, desinstala, converte, fortalece, confirma, é fonte de paz e de alegria. Pressupõe, portanto, uma atitude de fé: é Deus que me fala por meio deste texto que atravessou séculos e que me ilumina neste momento. Como reajo diante dele? De fato, a Palavra de Deus devidamente acolhida não nos deixa como nos encontrou.

Algum texto evangélico pode mesmo ser rezado ao longo da semana ou da quinzena por todos do grupo. Também algum capítulo de uma obra que trata da pessoa de Jesus Cristo ou mesmo algum texto do magistério, significativo para o momento, podem servir de alimento comum para a fé de todos. Tudo dependerá da formação, dos desafios, dos interesses em questão. Por meio desse ambiente o grupo adquire melhor formação teológica, melhor compreensão de sua própria fé. A partilha em grupo das experiências de cada um na oração muito ajuda à caminhada dos demais, ao confirmar a fé, provocar iniciativas, revelar deficiências. Essa partilha favorece a abertura aos demais, o maior conhecimento mútuo, a união de mentes e de corações, o crescimento na amizade, na solidariedade e na ajuda fraterna (cf. *DGAE* 136). Aqui, sim, podemos falar de uma *autêntica comunidade* de cristãos na qual o conhecimento e o cuidado com o outro sejam de fato uma realidade e não se resuma a belas palavras.

A Palavra de Deus dirigida pela Igreja a todos os cristãos apresenta verdades e metas dirigidas a todos universalmente. Entretanto, cada pessoa é única, diferente das demais e pode atravessar situações existenciais próprias, ver-se diante de desafios inéditos, sentir fortemente sua fragilidade. É importante que a Palavra de Deus, por meio da *solidariedade* do grupo eclesial, chegue até ela em sua situação concreta (cf. *DGAE* 197). Já aqui aparece a importância dessa comunidade eclesial como comunidade humana e fraterna realmente promotora de vida à luz da fé. Igualmente ajuda a superar a fatídica separação entre fé e vida, a saber, verdades cristãs sem incidência na existência cotidiana, práticas tradicionais infecundas, confissões de fé sem consequências no trato com os demais. Portanto, a pequena comunidade eclesial tanto ajuda a caminhada de seus membros quanto os interpela e questiona concretamente.

Ela se manifesta visivelmente em sua plena verdade na *celebração eucarística* desde que seus membros dela participem *conscientemente*.

De fato, na Ceia do Senhor, por meio das preces da comunidade, da escuta em comum da Palavra de Deus, do testemunho de fé dos participantes, da recordação consciente da vida, paixão e ressurreição de Jesus Cristo, da *epiclese* do Espírito Santo sobre as espécies do pão e do vinho, da ação do sacerdote em nome de Cristo, e da comunhão do pão e do vinho consagrados, se reafirma e intensifica a comunhão de todos no mesmo Espírito Santo (2Cor 13,13) e se manifesta visivelmente a autêntica comunidade eclesial. De fato, na Eucaristia todos são participantes, pois, celebrando a vida de Jesus Cristo, estão também celebrando suas próprias vidas de cristãos enquanto seguidores de Cristo a caminhar para o Pai, movidos pelo mesmo Espírito que atuou em Jesus durante sua vida terrena. Comungar, portanto, é se comprometer mais fortemente com a existência de Jesus por meio desse alimento que Ele próprio nos deixou.

Entretanto a comunhão de todos na fé e na Eucaristia deve se realizar também na comunhão de todos na vida de cada dia. Pois Jesus, que veio para servir e dar sua vida para todos (Jo 10,10), exige que seus seguidores façam o mesmo. Uma celebração eucarística na qual os mais necessitados não se vejam ajudados revela um desconhecimento dela, como já bem observou São Paulo (1Cor 11,20-22). No passado o ofertório era a ocasião para a doação de bens aos mais necessitados, posteriormente distribuídos aos pobres pelo sacerdote. Em uma comunidade eclesial em que todos se conhecem, as necessidades de um membro devem sensibilizar os demais para que a comunhão na fé também o seja na caridade (cf. *DGAE* 135). "É necessário evitar a separação entre culto e misericórdia, liturgia e ética, celebração e serviço aos irmãos" (CNBB, 2014, n. 275, apud *DGAE* 163).

Apesar da escassez de sacerdotes que torna impossível atender a todas as pequenas comunidades urbanas celebrando com elas a Eucaristia, não deveria faltar, sempre que fosse possível, uma celebração fraterna na fé com uma maior participação pessoal, seja na partilha da Palavra de Deus, seja na escuta mútua, seja na ajuda solidária.

Sendo a *caridade fraterna* o núcleo da vida cristã autêntica, essa pequena comunidade eclesial deve demonstrar a sensibilidade humana e cristã em face dos sofrimentos alheios. Pois uma fé cristã realmente vivida atinge a existência da pessoa não se limitando a uma confissão de cunho doutrinal. Naturalmente as iniciativas decorrentes da fé irão depender das capacidades e possibilidades de cada um. Já o *testemunho* dado pela dedicação de algum membro se reverterá para dentro da própria comunidade, pois constitui uma motivação mais eficaz do que simples palavras, talvez contagiando os outros a também assumirem iniciativas em favor dos mais necessitados. O leque de concretizações da caridade cristã em favor da vida se apresenta muito variado e ninguém pode alegar ser tão desprovido de qualidades que possa justificar sua completa omissão.

No interior das cidades encontramos os mais empobrecidos, vítimas de enfermidades, preconceitos ou desemprego, aos quais podemos ajudar materialmente desde que economizemos no que é supérfluo por uma vida onde reine a sobriedade disciplinada. Ou então podemos colaborar com organizações e entidades de cunho social e assistencial a partir das nossas próprias possibilidades. Sabemos ainda que muitos nas cidades sofrem não por carecer de bens materiais, mas por se sentirem isolados e solitários. Ao escutá-los, estamos lhes dando algo muito precioso em nossos dias que é o nosso tempo. Também constitui uma concretização da caridade cristã o interesse e o empenho político, pois a omissão nesse particular já constitui um posicionamento negativo.

As modalidades de ajuda caritativa irão depender dos locais das comunidades, da formação de seus membros e dos desafios enfrentados, a saber, menores em situação de rua, dependentes químicos, migrantes, desempregados, vítimas de violência ou de preconceito, idosos, deprimidos, pessoas com deficiências físicas ou mentais. Por outro lado, a oração pessoal e comunitária deve manter viva na consciência do grupo a fonte responsável pelas atividades dessa pequena comunidade eclesial, evitando a mentalidade empresarial ou burocrática que as descaracteriza (cf. *DGAE* 132).

O quarto componente da comunidade cristã é a *missão*. De fato, a Igreja não tem outro sentido que não seja o de continuar, através dos séculos, a missão de Jesus Cristo. Toda a vida, ações e palavras de Jesus de Nazaré foram para proclamar e realizar o Reino de Deus, para fazer de toda a humanidade o povo de Deus, a família de Deus, uma sociedade verdadeiramente humana caracterizada por fraternidade, ajuda mútua, justiça, compaixão, amor. No fundo uma sociedade alternativa à sociedade que hoje conhecemos. E como Deus age na história sempre por mediadores humanos, como nos ensina a Bíblia, a comunidade eclesial se constitui essencialmente como uma *comunidade em missão*. Portanto, todo cristão, enquanto membro constitutivo dessa comunidade, não pode ser apenas uma figura passiva, privada de voz e de ação.

A ação missionária das pequenas comunidades se fará não por meio de grandes projetos pastorais, mas simplesmente pelo contato pessoal (cf. *DGAE* 187), uma conversa ocasional, uma escuta atenciosa, um gesto solidário, uma empatia oportuna, uma palavra vivificante por desfazer erros ou incompreensões que bloqueavam a adesão religiosa (cf. *DAp* 310). Assim se expandiu o cristianismo nos primeiros séculos, também em uma sociedade altamente diversificada cultural e religiosamente.

Como já mencionamos anteriormente, o grande obstáculo à evangelização nas cidades provém, sob o ponto de vista da linguagem, da enorme diversidade dos destinatários da mensagem cristã. Pelo fato de que as pequenas comunidades eclesiais se constituem por membros que gozam de certa uniformidade sociocultural, esse obstáculo se vê muito diminuído. Naturalmente esse fato provocará também uma *diversidade* nas opções práticas e nas estratégias pastorais, como também nas confissões de fé e nas celebrações comunitárias. A utilização de uma linguagem comum, acessível a todos, portanto contextualizada, facilitará sobremaneira a evangelização urbana. Além disso, o conhecimento do contexto sociocultural com suas limitações e problemas próprios respeitará melhor a pessoa concreta em suas condições reais de vida evitando a "lógica das massas" (cf. *DGAE* 197) ou um discurso eclesiástico universal sem considerar as pessoas em sua vida concreta com dificultosos condicionamentos próprios.

O compromisso missionário, mesmo realizado individualmente pelos membros da comunidade (embora a comunidade como tal também possa assumir uma determinada atividade evangelizadora), repercutirá para dentro da própria comunidade pela experiência do que define a vocação cristã sem mais, pela sintonia com a pessoa de Jesus Cristo, pela alegria de levar a outros a própria experiência de plenitude e de sentido.

3 A unidade eclesial na pluralidade de comunidades

A Igreja está situada na sociedade e não fora dela. Assim as transformações socioculturais que atingem os aglomerados urbanos desafiam não só seus habitantes, mas igualmente a Igreja. Ela deve "se abrir a novas experiências, estilos e linguagens" (*DAp* 517d). Entretanto, essa mudança, como toda mudança, encontra resistências pela novidade e pelo incômodo que representa. Mas sua necessidade é patente como, aliás, foram também múltiplas as transformações sofridas pela Igreja ao longo dos séculos, como pode constatar qualquer conhecedor de sua história. Tais transformações dizem respeito tanto à sua realidade institucional quanto à mentalidade de seus membros, sendo que ambas interagem e são assim interdependentes.

Uma primeira questão concerne à *unidade da Igreja*. Como conservá-la na pluralidade de pequenas comunidades eclesiais diversas? Desde que não confundamos unidade eclesial com uniformidade, essa unidade está salvaguardada pelo fato da união de todas à Igreja universal por meio da paróquia e da diocese (cf. *DAp* 309). Aqui aparece já uma mudança na própria paróquia, vista não mais como uma entidade voltada à pastoral de manutenção ou de fornecimento de sacramentos, mas como o *espaço* de encontro e de diálogo das múltiplas pequenas comunidades. Daí a necessidade de promover celebrações conjuntas que possibilitem o conhecimento mútuo, o fortalecimento da fé pelos testemunhos de vida provindos das várias comunidades e a consciência de sermos a mesma Igreja podendo assim nos ajudar mutuamente.

Aqui já desponta a difícil tarefa do pároco: levar seus paroquianos a aceitar as diversidades das pequenas comunidades, não como ameaças, mas como expressões diferentes da mesma vida cristã. Essa nova realidade urbana irá exigir também da parte do clero uma formação adequada que reconheça seu papel de coordenador dos carismas diversos e respeite a maioridade do laicato católico, tal como determinou o Concílio Vaticano II no decreto sobre o apostolado dos leigos (cf. *AA* 1-3). De fato, o pároco não deve absorver em si todos os carismas da comunidade, mas sim orientá-los e coordená-los enquanto responsável primeiro por ela, pois ele aí está para servi-la (Mc 10,43). Há aqui todo um processo ainda em seus inícios.

Naturalmente permanecem questões que só o tempo poderá responder. Como respeitar certa autonomia das pequenas comunidades? Como impedir que elas se desgarrem e se afastem das demais? Como oferecer-lhes subsídios de cunho espiritual, teológico e pastoral? Poderão elas, como comunidades, assumir atividades na paróquia? Como poderão se relacionar com outras pequenas comunidades de paróquias vizinhas, situadas no mesmo contexto sociocultural e enfrentando os mesmos desafios? Ou como fica nesse modelo de comunidade eclesial a inclusão de católicos pertencentes a diferentes paróquias? (cf. *DAp* 516f). Será necessário criar um projeto comum? (cf. *DAp* 518b).

Naturalmente as classes sociais e a formação profissional dos diversos grupos exigirão do pároco subsídios convenientes às respectivas comunidades: em algumas aflorarão questões mais críticas de cunho doutrinal, enquanto outras estarão às voltas com necessidades mais imediatas e práticas. Cabe também ao coordenador dos carismas impedir que as pequenas comunidades se fechem em si mesmas, incentivando-as a ajudarem as demais mais desprovidas de meios de ordem cultural, teológica ou material. Ou ainda dando especial atenção ao mundo dos sofridos (doentes, presos, excluídos, dependentes químicos, sem-teto) (cf. *DAp* 517j). Certamente esse intercâmbio de experiências e de compromissos nas comunidades eclesiais muito colaborará para uma vivência cristã mais autêntica por parte de seus membros.

Talvez o desafio maior dessa nova configuração eclesial urbana esteja na *formação do próprio clero* em vista de dar espaço a um laicato adulto, escutá-lo, consultá-lo, incentivá-lo a um papel ativo na Igreja, não só no âmbito paroquial, mas também na sociedade. Quanto mais bem formado for o clero, maior influência terá na orientação e coordenação dos carismas do laicato. Assim, por exemplo, a preparação para a recepção dos sacramentos (Batismo, Penitência, Crisma, Matrimônio, Eucaristia) poderia muito bem ser entregue ao laicato apto para tal (cf. *DAp* 518n).

Referências

AMADO, J.P. "Inculturação da fé na cultura urbana". In: TAVARES, S.S. (org.). *Inculturação da fé*. Petrópolis: Vozes, 2001, p. 107-117.

CELAM. *Conclusões da Conferência de Medellín (1968)*. São Paulo: Paulinas, 2010.

_____. *Documento de Aparecida*. São Paulo: Paulinas/Paulus/CNBB, 2007.

CNBB. *Diretrizes gerais da ação evangelizadora da Igreja no Brasil 2019-2023*. Brasília: CNBB, 2019.

FERRARO, B. "Comunidades Eclesiais de Base, paróquia, Igreja particular". In: SOUZA, N. & SBARDELOTTI, E. (orgs.). *Puebla*: Igreja na América Latina e no Caribe. Petrópolis: Vozes, 2019, p. 312-324.

7
Comunidade
Modo de vida e testemunho evangélico

Celso Pinto Carias*

Os diversos enfoques desta obra passam por abordagens nas quais a questão da urbanização está sempre presente. A referência às *Diretrizes gerais da ação evangelizadora do Brasil, 2019-2023* é uma constante, na medida em que elas têm como eixo os desafios do mundo urbano e que justamente se quer contribuir com sua implementação.

Assim sendo, para responder ao objetivo desta obra e, especificamente, ao objetivo da reflexão aqui apresentada, vamos dialogar diretamente com as *Diretrizes*, pois outros textos neste trabalho fundamentam perspectivas que não devem ser repetidas.

O objetivo da presente reflexão é o de salientar o tema *comunidade*, tratado nas *Diretrizes* de forma prioritária, como um caminho fundamental para responder ao desafio do mundo urbano. Assim, em um primeiro momento passaremos por questões que as *Diretrizes* precisam aprofundar, pois, sem o devido aprofundamento, a questão da comunidade fica enfraquecida, e, em um segundo momento, ofereceremos uma mística do caminho comunitário que não aparece explicitamente no Documento 109. Daremos como exemplo as Comunidades Eclesiais de Base, o que não significa a exclusão de outras formas de viver a experiência comunitária.

---

* Doutor em Teologia pela PUC-RJ, com ênfase em Teologia Fundamental, atuando principalmente na iniciação teológica. Pesquisa em questões teológicas que perpassam o fenômeno da morte e a situação do cristianismo na realidade urbana moderna/pós-moderna, assessor nacional das CEBs e do Setor CEBs da Comissão Episcopal para o Laicato da CNBB.

1 Conceitos que exigem aprofundamento

As *Diretrizes gerais da ação evangelizadora da Igreja no Brasil 2019-2023* apresentam uma necessidade pastoral chamada pelo documento de "comunidade eclesial missionária". Após o primeiro momento de recepção e depois da realização do Sínodo para a Amazônia, podemos agora nos debruçar sobre essa proposta pastoral com mais tranquilidade.

O documento reflete, nitidamente, um grande esforço para celebrar a comunhão eclesial. Usa imagens significativas: *comunidade missionária, Palavra, Pão, caridade* e *ação missionária*. Pela primeira vez, as *Diretrizes* enfrentam de forma mais contundente o desafio da realidade urbana. Contudo, como se costuma afirmar na tradição eclesial católica, fica o desafio da recepção.

Nossa perspectiva, quanto às *Diretrizes* atuais, é a de que elas possam permitir uma tomada de consciência na direção da complexidade do trabalho pastoral de evangelização na realidade histórica do século XXI, a fim de não cair em propostas superficiais. Trata-se, como tem afirmado continuamente o Papa Francisco, de instalar processos. Possivelmente, daqui a quatro anos, se possa partir para uma realização mais prática de sugestões que repercutam com mais efetividade na vida eclesial.

Na reflexão aqui apresentada o objetivo é modesto, mas relevante, se queremos, de fato, levar em consideração a complexidade sob a qual se assenta o trabalho pastoral em nossos dias. Se desejamos ser *Igreja em saída* e se queremos construir a unidade, será preciso colocar em prática a *sinodalidade*, isto é, caminhar juntos para que não haja uma padronização dos caminhos pastorais na direção de projetos uniformizadores. Projetos que podem não levar em consideração a rica e saudável diversidade espiritual da Igreja Católica e que podem cair na *autorreferencialidade e no clericalismo* que também tanto o Papa Francisco tem criticado.

Embora, por exemplo, o Documento 109 traga de volta o conceito de *comunidade* com força, fato que na tradição latino-americana vinha desde Medellín, ele precisará ainda ser aprofundado nos próximos anos, pois houve uma perda do vigor sinodal que essa forma de organização da vida eclesial representa para enfrentar os desafios do mundo de hoje, sobretudo das culturas urbanas. Nesse sentido, foi uma pena que não se aproveitasse a experiência que as CEBs acumularam nas últimas décadas.

Na conjuntura atual vivemos o temor de certos conceitos sem esgotarmos os seus verdadeiros significados. A acusação de ideologização é vigorosa e apressada, trazendo uma suspeita injustificada, pois predomina até mesmo o desconhecimento dos conceitos. Na onda da *pós-verdade*, das *fake news* etc., o que antes, mesmo havendo discordâncias, poderia ser visto de forma crítica, agora pode ser considerado como *demoníaca*, como heresia. Até mesmo o Papa Francisco, dentro da Igreja Católica, tem sido alvo desse temor. E pior, muitas vezes quem faz os ataques se considera *neutro* do ponto de vista ideológico. Percebemos, nas entrelinhas do documento, certo temor em desagradar quem não considera as CEBs uma expressão legítima da ação evangelizadora da Igreja, embora diversos documentos magisteriais tenham reconhecido as mesmas. Para citar apenas um documento, entre tantos, bastaria o número 51 da *Redemptoris Missio* de São João Paulo II, onde se afirma que elas são *um sinal de vitalidade da Igreja*. A estratégia de não levar em consideração as CEBs pode produzir uma tensão desnecessária no âmbito pastoral.

Porém, no limite espacial destas linhas, vamos apontar três conceitos que, a partir do número 109, merecem ser aprofundados: *missão, culturas urbanas,* e *comunidade missionária*.

Missão

As *Diretrizes* apresentam, evidentemente, fundamentação teológica para refletir sobre a missão. Destacamos, como exemplo, os números 18, 23 e 36, entre outros. Porém, há uma afirmação que deveria guiar o conjunto das reflexões: "Toda comunidade cristã é essencialmente missionária, 'Igreja em saída'" (*DGAE* 36).

Avaliamos que ainda não se retirou suficientemente os elementos fundamentais de uma *teologia da missão* a partir do Concílio Vaticano II. Predomina-se uma perspectiva quantitativa, isto é, de aumento de fiéis, ou mesmo de certa "burocracia" sacramental. O documento não acentua tal perspectiva; mas, quando não leva em consideração tal realidade, corre o risco de ser interpretado nessa direção. Evidentemente, não se deve considerar a expansão numérica de fiéis como algo ruim, mas este não pode ser o acento principal.

Para alargar as possibilidades de reflexão, trazemos aqui alguns pontos que o saudoso teólogo José Comblin fez ainda pelos idos de 1973, em um pequeno livro intitulado justamente de *Teologia da missão*. É simplesmente extraordinária a atualidade dessa obra. Ela repercute a tentativa de ler os *sinais dos tempos* como indicou São João XXIII na abertura do Concílio Vaticano II. Temos tido muita dificuldade para ler esses sinais e renovar a Igreja na linha de responder aos desafios oriundos da mudança de época pela qual estamos passando. Geralmente respondemos perguntas novas com respostas velhas. Às vezes as respostas até parecem boas, mas são superficiais e não vão até *as raízes da realidade cultural* (*EN* 20).

Vamos pontuar alguns acentos importantes de Comblin. É preciso recordar sempre que *a Igreja vem depois da missão e não antes*. A missão é de Jesus Cristo. Ninguém deveria se colocar no processo missionário sem um profundo enraizamento no projeto do Nazareno. Um ponto de partida fundamental é a ação do Verbo na história, isto é, Deus que vem ao encontro das pessoas. Portanto, missão é, antes de qualquer coisa, ir ao encontro das pessoas na situação em que elas se encontram. Afirma Comblin: "Jesus Cristo veio para dirigir a palavra a Pedro, João, André e a todos os Pedros, Joões, Antônios ou Severinos da história". Hoje certamente o nosso teólogo acrescentaria nomes femininos também: Antônias e Severinas. Enfim, poderíamos resumir dizendo que o papel da Igreja não é levar os seres humanos para Deus, mas trazer Deus para os seres humanos.

A missão é *força e fraqueza*. Quando caímos na tentação do poder dominador com o mais belo dos objetivos que é levar a Boa-nova de Jesus, corrompemos a estrutura fundamental do agir de Deus. Quanto sofrimento, por exemplo, tem causado a questão da pedofilia? Assim, mesmo que demore, um dia os alicerces caem, pois será uma *casa construída sobre areia*. E a missão é antes de qualquer coisa uma ação testemunhal. São Paulo VI repete por seis vezes a necessidade do testemunho na *Evangelii Nuntiandi* (n. 6, 15, 21, 26, 41 e 76). Ele admite a repetição, mas insiste: "E antes de mais nada – sem querermos repetir tudo aquilo já recordado anteriormente – é conveniente realçar isto: para a Igreja, o testemunho de uma vida autenticamente cristã" (*EN* 41). Por fim, a missão exige que não levemos "nem ouro, nem prata, nem alforge, nem duas túnicas, nem sandálias e nem cajado" (Mt 10,10). Não se pode pensar a missão em termos de poder, mas somente em termos de serviço.

Ao longo da recepção das *Diretrizes* deveremos aprofundar o caráter intrinsecamente missionário da Igreja em todas as dimensões nas quais a missão se realiza. Precisaremos de um processo pedagógico que leve em consideração os mecanismos pelos quais a sociedade funciona. E aqui a questão das culturas urbanas merece grande atenção. Essa é uma questão sem volta. Desejos de retorno ao passado não vão conduzir a Igreja em uma direção missionária adequada.

Culturas urbanas

A questão urbana vem sendo apresentada como um desafio há bastante tempo. Logo ao final do Concílio Vaticano II, já se constatavam algumas reflexões de bispos, teólogos e sociólogos que iam em direção do diálogo com o mundo urbano. José Comblin, aqui citado, foi um deles. Podemos citar um documento elaborado em 1980, mas preparado no final da década de 1970, produzido pelos bispos do Regional Sul 1 da CNBB: *Pastoral de comunidades e ministérios*, no qual já se fala dessa realidade. Por sinal, também consideramos esse documento de uma enorme atualidade. Parece que retrocedemos desde então.

Contudo, de forma mais orgânica, é a primeira vez que as *Diretrizes* enfrentam a questão. Sem dúvida há uma complexidade na temática. No objetivo geral, fala-se em "evangelizar no Brasil cada vez mais urbano". Na verdade, a questão urbana não pode mais ser reduzida à dimensão territorial. Trata-se de uma mentalidade com consequências em diversos níveis, inclusive o territorial naturalmente. Hoje não podemos mais separar o mundo rural do urbano.

As *Diretrizes* avançam quando reconhecem e trabalham a perspectiva urbana em relação ao trabalho pastoral. No entanto, como já dito, será necessário um olhar mais penetrante para dentro da realidade urbana. Apenas para exemplificar, como podemos fazer chegar a Palavra, os valores, os princípios fundamentais da vida cristã ao contexto de grandes metrópoles onde o *direito à cidade* é negado de forma ostensiva e desumana? Falemos somente do direito ao descanso semanal, que tradicionalmente é o domingo. Precisaríamos de muitas páginas se quiséssemos enfrentar honestamente essa questão.

A questão do *direito à cidade* é fundamental no processo de ocupação urbana. Para nós, trata-se de uma diretriz cujo exercício está associado ao conjunto dos direitos humanos. Contudo, as cidades, no atual estágio das relações capitalistas, tornaram-se um grande balcão de negócios. O caso típico de Barcelona na Espanha, que é citada predominantemente como um bom exemplo, não se configura exatamente como os arautos de tal posição apregoam. Os mais pobres estão sendo excluídos do direito fundamental de usufruir dos avanços construídos em grandes eventos, e são tratados como cidadãos de segunda categoria. No Brasil, esse fator é mais grave. E a causa não pode ser reduzida apenas ao mercado imobiliário, mas sobretudo ao modo como se pensa a cidade. Como afirma Raquel Rolnik, urbanista que muito tem nos ajudado nesta reflexão, "a cidade inclui sem incluir". Por quê? Na verdade, em nome de uma modernização dos grandes centros urbanos, empurram-se os mais pobres cada vez mais longe de seus postos de trabalho e de atendimentos humanitários básicos. Até mesmo a escola pode não estar perto de casa. Os mais pobres não têm acesso aos equipamentos sociais e culturais produzidos nessas reformas urbanas. Portanto, essa é uma questão eminentemente política. Imaginar que se possa evangelizar abstraindo a realidade na qual o ser humano está envolvido seria como tratar a doença *depressão* como uma mera situação de força de vontade.

Ora, assim sendo, uma pastoral centralizada em matrizes paroquiais que estão longe da vida cotidiana do povo abre espaço para as pessoas estarem em comunidades religiosas que se aproximem de sua vida seja qual for a denominação, ou até mesmo de tradições não filiadas diretamente ao cristianismo. Também é uma realidade que pode ser usada, justamente por não se perceber a dimensão política dela, até mesmo por grupos criminosos. Favelas, morros, periferias das periferias, cortiços, ou mesmo condomínios de classe média, muitas vezes não possuem presença significativa de agentes de pastoral católicos. E agentes que possam ter um mínimo de condição humana para tratar com gente. Agentes que possam encontrar as pessoas sem preconceitos.

As *Diretrizes* inclusive não usam com o devido rigor o conceito de *individualidade*. O aprofundamento da dimensão individual na Modernidade, do ponto de vista antropológico, não foi algo ruim, muito pelo contrário. Foi e é uma crítica de coletivismos que passavam por cima da subjetividade humana. Agora, o *individualismo* sim é um problema. Porém, o documento não faz uma boa distinção entre esses dois conceitos (p. ex., 49 e 53).

Outra questão que poderia ser desenvolvida é a dos chamados "desigrejados", o fenômeno dos *sem religião*. Geralmente os índices do crescimento dessa posição quase não são mencionados. Não se trata de ateísmo, cujo índice cresce também. Contudo o número de ateus ainda não assusta. Trata-se de pessoas que creem em Deus, mas não têm adesão institucional a igrejas ou religiões. Porém, no Brasil, por exemplo, de 1970 a 2010, o crescimento dos *sem religião* chegou a mais de 700%. Nenhuma religião cresceu tanto. No último censo, 2010, a média geral foi de 8,4%, havendo capitais como Salvador e Rio que superam os 15%.

Portanto, temos muito ainda a refletir se queremos alcançar a realidade social onde, de fato, as pessoas estão. Muitas vezes, na Igreja

Católica, começamos a enfrentar os problemas, mas corremos o risco de não dar continuidade. Essas *Diretrizes*, por exemplo, precisariam estar em profunda sintonia com o Documento 100: *Comunidade de comunidades: uma nova paróquia*.

Para enfrentar o desafio das culturas urbanas a vida comunitária é fundamental. Diversos setores da sociedade têm percebido isso, até mesmo pessoas sem adesão religiosa. Um grande exemplo são as chamadas *ecovilas*, lugares de consciência ambiental e comunitária. E aqui a experiência cristã tem uma longa tradição que não pode ser engolida pelos *individualismos e subjetivismos* de uma lógica da concorrência religiosa onde os indivíduos, homens e mulheres, crianças e jovens, podem ser reduzidos a consumidores e clientes, ou mesmo reduzidos a escravos do desempenho, sem tempo para nada, e que pode levar, como diz o filósofo Byung-Chul Han, em *Sociedade do cansaço*, a um infarto da alma.

Comunidades missionárias

Como já foi indicado, o documento afirma que "toda comunidade cristã é essencialmente missionária". Assim sendo, o que seria propriamente uma *comunidade missionária*? Aqui também está um conceito que merecerá maiores esclarecimentos nos próximos anos.

Entendemos perfeitamente que o desafio da realidade urbana nos convoca para uma ação missionária para a qual não temos todas as respostas. A missão se torna um imperativo fundamental se pretendemos, como fez o cristianismo em outros tempos, inculturar o Evangelho neste novo cenário civilizatório que se apresenta. Sem dúvida, será preciso chamar a atenção para um *estado permanente de missão*. Nesse sentido, compreende-se que a comunidade eclesial missionária, sustentada pelos pilares da Palavra, do Pão, da caridade e, especificamente, da ação missionária, seja um norteador pastoral que possa nutrir planos de ação que respondam às necessidades do mundo de hoje.

Nos capítulos 3 e 4 das *Diretrizes* se procura dar indicativos para que haja uma ação eclesial que concretize seu *objetivo geral*. Mas será necessário especificar melhor o modo operacional de um fazer pastoral que reconheça a diversidade das espiritualidades e das organizações eclesiásticas. Não se pode reduzir essa ação a um único modelo, como, por exemplo, o pentecostal. Seria traição à tradição católica.

Precisaremos estar abertos a um diálogo que contemple a larga experiência latino-americana, entre as quais se encontram as CEBs. Compreendemos que as *Diretrizes* não fazem oposição entre comunidades missionárias e comunidades de base. Mas quando não se leva em consideração a diversidade pastoral que enriqueceu a Igreja, inclusive missionariamente falando, com multiplicação de comunidades em vários contextos, e não somente rural, mas também em periferias de cidade, corre-se o risco de cair naquilo que o Papa Francisco tanto tem chamado de autorreferencialidade.

O Documento 100 já preconiza a necessidade de as paróquias atuarem como rede. Preconiza a descentralização das matrizes para valorizar as comunidades, sejam territoriais, sejam ambientais. No número 319 faz uma série de sugestões que em muitos lugares ainda não se percebeu que aí está um caminho.

Ora, lembrando de novo o limite espacial deste texto, não é possível falar de *comunidades eclesiais missionárias*, se não for resgatada uma forma de viver a fé cristã que possibilite experimentar a vida no contexto em que ela se encontra e aí verificar que "Deus habita a cidade". Mergulhados/as na dinâmica da urbanidade, seja no campo ou na metrópole, em uma luta pela sobrevivência que pode nos adoecer a ponto de acreditarmos, contrariamente aos princípios fundamentais do caminho de Jesus Cristo, que a violência pode ser uma saída, que o ódio é uma experiência legítima, que existem pessoas que podem ser humilhadas e perseguidas por viverem de modo diferente de nós, então estaremos muito longe do que São Paulo VI nos disse sobre evangelização e que o Papa Francisco nos recordou, de forma brilhante, na *Evangelii Gaudium*.

E aqui uma Igreja toda ela ministerial se torna, como nos primeiros anos do Caminho, uma característica tremendamente atual para responder aos desafios do mundo de hoje. E aqui as CEBs têm o seu lugar. É aqui que se pode falar de *comunidade* como modo de vida e testemunho. Que possamos responder aos desafios com o critério paulino: "Tende em vós o mesmo sentimento de Cristo Jesus" (Fl 2,5).

2 Comunidade[4]: lugar do perdão e da festa

"Todos os fiéis, unidos, tinham tudo em comum; vendiam as suas propriedades e os seus bens e dividiam o preço entre todos, segundo as necessidades de cada um" (At 2,44-45). O título deste tópico é o mesmo de um livro que procura tornar clara a condição necessária para uma vida comunitária, inspirado pela experiência da Arché, comunidade formada por pessoas com deficiência mental, fundada pelo suíço Jean Vanier, autor do referido livro. Ele dizia: é "necessário criar comunidades que vivam os valores do Evangelho", porque a sua mensagem é que as pessoas vivam a misericórdia. "Se tu te tornas um homem ou uma mulher de compaixão, serás semelhante a Jesus".

Inspirados por esse belo testemunho, queremos apresentar o caminho das CEBs também como um lugar de compromisso, perdão, festa e solidariedade. Um lugar próprio para a vivência de uma fé, a cristã, que é tipicamente comunitária: "Onde dois ou mais estiverem reunidos, estarei no meio deles" (Mt 18,20).

Comunidade: espaço do encontro

Participo da Comunidade Batismo do Senhor, na Baixada Fluminense, Diocese de Duque de Caxias. Pequena comunidade, cerca de 25 membros. Maioria mulheres. Grande diversidade de pessoas. Classe média, pobres, e até dois doutores em Teologia. Porém, espaço suficiente para se relacionar como irmãos e irmãs. Aqui, com limitações evidentes, temos em nível micro o que poderia ser estendido para boa parte das comunidades cristãs.

---

4. Nos grandes centros urbanos, sobretudo no Rio de Janeiro, a palavra "comunidade" vem sendo usada para tipificar uma região de favela. Tal uso, tudo indica, é para não rotular negativamente moradores desse ambiente. Porém, muitos moradores que lutam pela causa das favelas preferem manter a antiga palavra, pois ela afirma melhor as contradições sociais. O uso generalizado da palavra "comunidade" tem levado pessoas a perguntar, quando falamos que somos de uma "comunidade", se lá é uma área de risco, por exemplo.

Em um mundo marcado pela competição, pelo consumo desenfreado, como o cristianismo pode oferecer um lugar onde as pessoas não sejam tratadas como clientes? Um lugar onde as pessoas sejam reconhecidas pela dignidade de ser e não pelo poder de possuir algo ou ter autoridade sobre alguém?

Nas CEBs as pessoas são reconhecidas pelo nome. Sabe-se de suas dificuldades, de seus anseios. É verdade que um maior conhecimento pessoal leva também a possibilidades de conflitos e tensões, mas não é assim dentro da microcomunidade que é a família? O ser humano cresce e amadurece se tiver oportunidade de fazer uma experiência de encontro consigo, com outros, com a natureza, com o cosmo, e assim fazer, verdadeiramente, encontro com Deus.

Hoje a religião – incluindo o cristianismo e, nele, a Igreja Católica – corre o risco de esquecer essa dimensão fundamental do ser humano. Pode-se transformar o espaço da comunidade em *lojas* nas quais se vende o produto de um consumo religioso para satisfazer desejos individualistas. Tal comportamento tem adoecido, do ponto de vista psicológico, muita gente.

Todavia, se resgatamos o que afirmam os Atos dos Apóstolos – "todos tinham tudo em comum" (At 2,44) –, integramos e valorizamos as pessoas. Elas se tornam sujeitos e não súditos. Todos/as, até mesmo aqueles/as que, muitas vezes, a sociedade rejeita, são acolhidos/as. Sentimos isso na Comunidade Batismo de Senhor.

Portanto, as CEBs se configuram como um espaço no qual se pode fazer tal experiência comunitária. Certamente, em muitos lugares do Brasil e do mundo se pode constatar que o ser humano precisa do grupo para amadurecer enquanto pessoa. O individualismo moderno desfigura tal realidade.

Comunidade: espaço da solidariedade

Essa é uma das dimensões humanas mais valorizadas nas CEBs. O cristianismo, não é preciso justificar, é uma experiência de fé de grande preocupação com a realidade da vida em sociedade. Como está escrito em 1Jo 4,20-21: "Se alguém disser: 'Amo a Deus', mas odeia o seu irmão, é um mentiroso, pois quem não ama seu irmão a quem vê, a Deus que não vê não poderá amar. E este mandamento dele recebemos: aquele que ama a Deus, ame também o seu irmão".

Qualquer comunidade é sempre um espaço inserido em uma sociedade política. Na complexidade do mundo moderno não se pode pensar a solidariedade apenas do ponto de vista pessoal. O mundo está cheio de contradições sociais e se queremos, sincera e honestamente, ser sinais do Evangelho, não podemos observar tais contradições e não ter uma palavra profética.

Na Comunidade Batismo do Senhor, apesar da fragilidade, há sempre uma atenção para a dinâmica da solidariedade. Seja entre os membros, em caso de desemprego e doença, por exemplo, seja em se colocar junto com outros e outras pessoas que lutam por uma sociedade melhor.

Mas a palavra profética é uma palavra perigosa. Ela chama atenção até mesmo daqueles e daquelas que estão confortavelmente praticando sua religião sem denunciar o pecado que invade o ser humano e a realidade social. O Profeta Amós, no Primeiro Testamento, foi chamado à atenção pelo sacerdote de Israel (Am 7,12-14): "vai profetizar no interior", pois a religião estava fechada para o clamor de justiça. Porém, Amós permaneceu firme no seu propósito profético e denuncia a classe sacerdotal que naquele momento não estava falando e agindo em favor do povo.

No cristianismo, Deus se revela na encarnação, isto é, fazendo-se humano. Em Jesus Cristo, encontra-se um caminho no qual não se pode menosprezar o humano, pois se estaria menosprezando a Deus. Há uma tremenda valorização do homem e da mulher e, consequentemente, brota uma ética na qual não se admite relativizar princípios, como, por exemplo, a lógica de inclusão que transparece em todo caminho de Jesus. É tão evidente o fato de que Jesus se aproxima dos excluídos de sua sociedade: doentes, mulheres, crianças, pessoas que não contavam, e, ao mesmo tempo, como é fácil esquecer-se dessa evidência quando estamos próximos dos poderes deste mundo.

As CEBs compreenderam esse elemento fundamental do processo evangelizador. Tomando o Reino de Deus como meta escatológica final, elas assumem, aqui e agora, a vida como um sinal da presença de Deus. Busca-se uma conversão na qual a vida daquele e daquela que se converte passa a colaborar para a transformação do mundo. Não se fecha em um conceito de salvação que desvaloriza a criação divina. Por esse motivo, elas vêm sofrendo perseguição, até mesmo dentro da Igreja Católica.

Comunidade: lugar da alegria

Na pequena Comunidade Batismo do Senhor há espaço para festa, para alegria. Sempre se busca uma ocasião para um "junta prato", isto é, uma partilha de alimentos. Há espaço para celebrar a irmandade, a cooperação, a alegria de estar junto vivendo o caminho de Jesus Cristo.

Nos encontros intereclesiais de CEBs se pode verificar o que foi dito acima. São sempre realizados com dificuldades. Hospedagem partilhada, comida partilhada, cultura partilhada, saber partilhado, mas sempre muito festivos.

Nos encontros das CEBs, bispos, padres, leigos muitas vezes estão na mesma roda dançando, fazendo pausa para continuar a vida. A festa não é um *show* onde as pessoas não se encontram. Ela reúne, revitaliza o coração. É sinal de que as pessoas acreditam na ressurreição. E na festa dos pobres não há lugar reservado para os "mais importantes".

Quando o evangelista João narra as *Bodas de Caná* (Jo 2,1-12), conta uma história na qual Jesus transforma a água em vinho. Mas poucos se dão conta de que a água estava em "seis talhas de pedra para a purificação" (600 litros – seria muito vinho, não?), isto é, era uma água para uso religioso. A água da religião se converte em vinho da festa. Portanto, Jesus nos apresenta um caminho no qual a glória de Deus se manifesta no cotidiano, pois Deus se comunica na *vida*, na *história*, no *meio do mundo*.

Conclusão

Ao término destas linhas gostaríamos apenas de repetir, com insistência, o apelo do Papa Francisco: "Não deixemos que nos roubem a comunidade!" (*EG* 92).

Sim, o caminho é comunitário. Não podemos entrar na lógica de uma religião que satisfaça única e exclusivamente os desejos consumistas dos indivíduos. Não podemos entrar na lógica de uma *teologia da prosperidade*, que, mesmo não sendo proclamada abertamente em muitas igrejas, pode acabar sustentando o "pano de fundo" da ação pastoral.

Precisamos de coragem, ousadia e criatividade para responder aos desafios dessa mudança de época, dessa crise civilizatória. Que não nos iludamos por conta de uma sociedade do espetáculo. Que possamos, como já nos lembrou o Papa São Paulo VI, "ir até as raízes da realidade cultural", e não ficar passando "verniz superficial" (*EN* 20).

Referências

CNBB. *Diretrizes gerais da ação evangelizadora da Igreja no Brasil 2019-2023*. Brasília: CNBB, 2019.

HAN, B.-C. *Sociedade do cansaço*. Petrópolis: Vozes, 2018.

COMBLIN, J. *Teologia da missão*. Petrópolis: Vozes, 1973.

COMISSÃO EPISCOPAL REGIONAL SUL 1 – CNBB. *Pastoral de comunidade e ministérios*. São Paulo: Paulinas, 1980.

FRANCISCO. *Exortação apostólica* Evangelii Gaudium. São Paulo: Loyola, 2013.

PAULO VI. *Exortação apostólica* Evangelii Nuntiandi. 15. ed. São Paulo: Paulinas, 2000.

VANIER, J. *Comunidade, lugar do perdão e da festa*. São Paulo: Paulinas, 1983.

8
Periferias como lugar teológico-eclesial

Sinivaldo S. Tavares*

Produzidas pelo fenômeno de "urbano-periferização", as "periferias" constituem cenário conflitivo e paradoxal, posto que resultado da coexistência de segregação territorial e desigualdade econômica com transgressão de regras estabelecidas e reinvenção da cultura e da política. Isso pressuposto, propomos as "periferias como lugar teológico-eclesial", vale dizer: desafio à ação evangelizadora porque, em última instância, mediação da presença e interpelação do Deus de Jesus Cristo. Por fim, indagamos acerca das principais implicações dessa proposição no que diz respeito à presença e missão da Igreja: o valor perene da *opção pelos pobres*; a *eleição das periferias* como prioridade na evangelização; o desafio de uma *evangelização inclusiva e integral*.

1 "Urbanização" ou "urbano-periferização"?

Deflagramos, de início, a falácia da concepção de "urbanização" como "modelo de civilidade" em contraposição a "estilos de vida rural", considerados "formas pré-modernas e inferiores de existência" (LEFF, 2001, p. 288). Preferimos falar em "urbano-periferização". Estatísticas recentes mostram que, de cada 10 citadinos, 7 estão na Ásia, na África, na América Latina e no Caribe; e somente 3 na Euro-

---

* Frade franciscano, doutor em Teologia Sistemática (1998) pela Pontificia Università Antonianum (Roma), e pós-doutor em Teologia Sistemática (2018) pela Pontifícia Universidade Católica do Rio Grande do Sul. Desde 2012, é professor de Teologia Sistemática e pesquisador no Programa de pós-Graduação em Teologia da Faculdade Jesuíta de Filosofia e Teologia (Faje), Belo Horizonte.

pa, nos Estados Unidos e no Japão. Isso significa que a realidade cotidiana de 70% da população urbana do planeta contraria, portanto, a ideologia do urbano como "modelo de civilidade". Segundo estatísticas da ONU, dos cerca de 3 bilhões de urbanos, 924 milhões residem em favelas e, desses, 94% estão na África, na Ásia, na América Latina e Caribe e na Oceania. Em suma, o número de favelados no mundo supera a população total dos países industrializados (Estados Unidos, Canadá, Europa e Japão).

No caso do Brasil, dados divulgados a partir do estudo feito pelo Laboratório de Habitação e Assentamentos Humanos da Faculdade de Arquitetura e Urbanismo da Universidade de São Paulo, ainda que estimativos, são alarmantes. Eles se referem à porcentagem da população que vivia em favelas em algumas cidades brasileiras, no final da década de 1990: São Paulo (22%), Rio de Janeiro (20%), Belo Horizonte (20%), Salvador (30%), Recife (46%), Fortaleza (31%), Goiânia (13%). Parece ter, de fato, razão Erminia Maricato ao afirmar que "o processo de urbanização se apresenta como uma máquina de produzir favelas e agredir o meio ambiente" (MARICATO, 2013, p. 22).

Periferias: produto da "urbano-periferização"

Não estaríamos testemunhando um processo de desfazimento do rural mais do que de conformação ao urbano, uma vez que 924 milhões de citadinos vivem em favelas e, portanto, se encontram privados de serviços urbanos básicos, tais como: saneamento, habitação, saúde, educação e transporte? Não é por acaso que se tenham cunhado termos para nomear extensões territoriais que se formam à margem dos centros urbanos: "subúrbios", "periferias", "favelas", "conglomerados suburbanos" etc. Essa nomenclatura trai o fato de nos encontrarmos, para todos os efeitos, diante de outro tipo de fenômeno "aquém do urbano e aquém do rural" (PORTO GONÇALVES, 2015, p. 184). As populações que vivem em tais aglomerações suburbanas se encontram em situação de extrema vulnerabilidade, posto que expostas a riscos de epidemias, chuvas, enchentes, desmoronamento de encostas, furacões, congestionamento habitacional, desabastecimento de água, falta de saneamento, produção e gestão de resíduos sólidos etc. São vítimas ainda de insegurança generalizada; haja vista a chacina ocorrida em 2019 na favela paulistana de *Paraisópolis*, produzida pela política de terrorismo policial. Sirva-nos de exemplo, entre tantos, a constatação de que há no Brasil um *deficit* populacional entre 16 e 24 anos, comparável apenas ao de países em situações de guerra. Essas populações são, portanto, vítimas de uma desigual e injusta "urbanização" que produz verdadeiras "bombas socioecológicas" (MARICATO, 2013, p. 34, 36).

Percebe-se, portanto, que o crescimento populacional em nossas cidades-periferias não tem sido acompanhado por processos de conquista cidadã. No Brasil, mais precisamente, esse intenso processo de "urbano-periferização", que se tem verificado nos últimos 40-50 anos, se deu, em grande parte, sob o regime político de uma ditadura civil-militar e, consequentemente, mediante sistemática criminalização dos movimentos sociais e de suas pautas reivindicatórias. Pressuposto que o fim do colonialismo não representou o fim da colonialidade, nossas cidades são o retrato da persistente divisão entre classes sociais e raças.

Periferias: segregação versus transgressão e reinvenção

As cidades brasileiras, em modo particular, com suas aglomerações suburbanas, compostas por favelas *stricto sensu* e conjuntos habitacionais, são a prova cabal de que os habitantes de nossas periferias não são efetivamente reconhecidos como cidadãos. Nesse sentido, nossas cidades testemunham uma realidade complexa e paradoxal, posto que constituem simultaneamente espaço de mercantilização das relações e da vida em geral e território público e plural de encontros e convivências.

Por um lado, nossas cidades são lugares privilegiados de consumo, uma vez que se encontram sempre mais controladas pela economia mercantil capitalista. Haja vista a constatação de que entre as atividades mais rentáveis no mercado se encontra a indústria de alimentos e bebidas. As cidades são já projetadas de forma a acelerar a circulação mediante o fluxo cada vez mais rápido de veículos no intuito de apressar o consumo e despersonalizar as relações. São projetadas, em suma, para veículos e não mais para pedestres. Nossas tradicionais praças são cada vez mais associadas à insegurança justificando assim o seu gradeamento. Lojas, mercados, feiras e outros locais de comércio que, antes, eram locais de encontro e convivência, foram se concentrando sempre mais nos *shopping centers* que, por sua vez, se apropriaram de espaços e momentos de encontro e lazer.

Por outro lado, há também experiências de transgressão e de recomposição desses mesmos espaços (cf. RODRIGUEZ IBÁNEZ, 2016, p. 318). Inúmeras iniciativas de resistência vêm reconfigurando nossas cidades por meio de estilos e práticas alternativas que contradizem o imaginário dominante. Em não poucas situações, trava-se uma espécie de disputa em torno do espaço público onde o "pensamento único" sobre a cidade é confrontado por modos alternativos de habitá-la. A esse propósito, gostaríamos de salientar o emergente processo de ressignificação de nossas periferias urbanas, por obra, sobretudo, de jovens que ali habitam e que, praticamente "reinventam" a política, fazendo crítica social do cotidiano, mediante uma nova linguagem artística: *hip hop, break, rap* (cf. PORTO GONÇALVES, 2015, p. 189).

À moda da periferia: urbanização desigual

Pressuposto o que se disse até aqui, importa estar atentos à questão posta por Rodriguez Ibánez: "a pluralidade não é suficiente: ela exige outro debate que relacione pluralidade e igualdade, porque as cidades não são apenas dominantemente monoculturais: também são injustas na distribuição dos bens e riquezas" (RODRIGUEZ IBÁNEZ, 2016, p. 331).

Na base desse fenômeno de desigualdade econômica e segregação territorial, Raquel Rolnik deflagra um "processo de financeirização da produção da cidade" que tem ocorrido mediante especulação imobiliária e privatização de serviços básicos (luz, água, moradia, transporte etc.). Por essa razão, "a desigualdade socioterritorial é a característica da cidade brasileira", posto que "negócios urbanos definem e controlam toda a política urbana" (ROLNIK, 2016, p. 15-23). Essa "urbanização desigual", caracterizada por Maricato como "urbanismo moderno *à moda* da periferia", consiste na garantia de "bases legais para um mercado imobiliário de corte capitalista" (saneamento básico e embelezamento paisagístico) e expulsão "para os morros e franjas da cidade" das populações excluídas (MARICATO, 2013, p. 17). Trata-se, segundo Rolnik,

> de um modelo que inclui sem incluir. Jamais a cidade disponibilizou terra, infraestrutura urbana, moradia para quem chegou. O seu lugar foi construído pelos próprios chegantes. [...] Assim surgiram favelas, ocupações, loteamentos populares, acampamentos, assentamentos. Tudo isso *não* é cidade. [...] As nossas cidades produzem e reproduzem a desigualdade socioeconômica. O modelo de construção de cidades é de uma cidade para poucos: é um modelo excludente (ROLNIK, 2016, p. 15-16).

2 Periferias urbanas como lugar teológico-eclesial

No parágrafo anterior apresentamos, de maneira sucinta, o fenômeno das "periferias" em sua paradoxal complexidade; resta-nos agora refletir sobre sua eventual condição de "lugar teológico-eclesial". Para isso, necessitamos explicitar, antes, o que entendemos por "lugar teológico-eclesial". Remetemo-nos, em princípio, a um dos mais relevantes legados do Concílio Vaticano II (1962-1965): a consciência dos "sinais dos tempos" como lugar de intelecção da fé e de discernimento eclesial. Essa consciência desencadeou um processo de "ruptura epistemológica" responsável por aquela "inversão metodológica" que marcou profundamente a elaboração da *Gaudium et Spes* e, de consequência, os destinos da teologia e da pastoral no pós-Vaticano II. E tudo se deu em torno à maturação da compreensão dos assim chamados "sinais dos tempos" (cf. BOFF, 1979).

A concepção "teologal" de sinais dos tempos (*GS* 11) – para distingui-la de outra "pastoral" (*GS* 4) – fez com que se adotasse o método indutivo, e não mais o dedutivo, na teologia e na pastoral. São inúmeras as consequências dessa opção metodológica. A maior delas diz respeito a uma concepção distinta de pastoral: não mais como simples aplicação à vida concreta de princípios dogmáticos eternos e imutáveis. A realidade, segundo essa nova concepção, passa a ser, para todos os efeitos, dimensão integrante do discurso teológico e da ação evangelizadora da Igreja. Estamos convencidos de que o ponto fulcral em torno do qual se tece o inteiro discurso da constituição pastoral sobre a Igreja no mundo de hoje seja a concepção teologal de "sinais dos tempos" (*GS* 11), ainda que ali não compareça literalmente o termo.

Movido pela fé, conduzido pelo Espírito do Senhor que enche o orbe, o Povo de Deus esforça-se por discernir nos acontecimentos, nas exigências e nas aspirações de nossos tempos, em que participa com os outros homens, quais sejam os sinais verdadeiros da presença ou dos desígnios de Deus (*GS* 11).

Como se lê, os "acontecimentos", as "exigências" e as "aspirações de nossos tempos" são interpretados não apenas como sinais que caracterizam uma determinada situação e que, portanto, constituem um desafio à evangelização. Esse seria seu sentido pastoral (*GS* 4). São, para todos os efeitos, concebidos como "sinais verdadeiros da presença ou dos desígnios de Deus" (*GS* 11). E são compreendidos como autênticos sinais que devidamente discernidos revelam, à luz da fé e conforme a inspiração do Espírito Santo, Deus e seus planos e que, por isso mesmo, interpelam-nos a uma resposta generosa. Trata-se de uma concepção dos "sinais dos tempos" como autêntico "lugar teológico".

Essa questão foi mais bem aprofundada e, de consequência, mais bem explicitada pela Teologia da Libertação latino-americana (cf. SOBRINO, 1989, p. 249-269) que, com razão, foi reconhecida como "recepção criativa do Vaticano II na ótica dos pobres" (BOFF, 1984, p. 13-43). Essa afirmação revela a dupla relação constitutiva da Teologia da Libertação: com o Vaticano II e com o mundo dos pobres. A Teologia da Libertação nasce no contexto da efervescência eclesial provocada pelas interpelações teológico-pastorais do Concílio. Emerge, portanto, como a melhor floração daquela primavera eclesial inaugurada pelo Vaticano II. Todavia, ela não se limita simplesmente à aplicação do Vaticano II ao contexto latino-americano. Não nos encontramos diante de mera aplicação de princípios ou normativas gerais a uma situação particular. Trata-se, em última instância, de uma autêntica "recepção criativa": "re-interpretação" do Concílio a partir da desafiadora realidade do âmbito latino-americano. Esse é precisamente o terreno onde as sementes mais fecundas do Vaticano II encontraram uma acolhida generosa e, de consequência, produziram seus melhores frutos (cf. TAVARES, 2013, p. 1378-1402).

Nesse sentido, o lugar primordial da teologia é a fé, posto que seu horizonte primeiro e originário. Embora isso valha para a teologia em geral, há teologias específicas que possuem óticas específicas. No caso da Teologia da Libertação, portanto, sua ótica específica seria o "lugar do pobre" e, de consequência, as "periferias". Seu horizonte maior resta sempre a fé; seu horizonte derivado é, no entanto, o "mundo do pobre ou das periferias". Consequentemente, ponto de partida real de toda teologia será sempre a fé, o que não impede, por exemplo, que a Teologia da Libertação assuma como seu ponto de partida metodológico "as periferias", compreendidas como complexo mundo onde vivem os pobres e marginalizados. Esse seria, na verdade, seu ponto de partida epistêmico ou hermenêutico. Nesse sentido, "as periferias" se tornam, para todos os efeitos, "lugar teológico", compreendido como ponto de partida "metodológico" e, ao mesmo tempo, como perspectiva "hermenêutica" da teologia propriamente dita (cf. BOFF, 1986, p. 263-271). Em suma, reconhecer "as periferias" como lugar teológico-eclesial implica discorrer a partir e na perspectiva dos que nelas habitam e não apenas falar sobre elas como uma realidade entre outras.

Dito isso, como entender a afirmação das "periferias urbanas" como lugar teológico em sua relação com os clássicos *loci theologici* de Melchior Cano (1509-1560)? (cf. AQUINO JÚNIOR, 2019, p. 61-69). Lugar teológico, aqui, deve ser concebido como lugar a partir do qual e sob a regência do qual os clássicos lugares teológicos da teologia são potencializados ao máximo (cf. ELLACURÍA, 1985, p. 168). "Periferias urbanas", portanto, não seriam apenas lugar de compreensão dos dados transmitidos pela tradição por meio das fontes do conhecimento teológico, mas converter-se-iam em lugar no qual e a partir do qual esses dados oferecem o melhor de si.

Isso pressuposto, concebemos o fenômeno das "periferias", enquanto produto da "urbano-periferização", como sinal dos tempos em seu duplo sentido. Em seu sentido pastoral, constatamos que a "periferização" urbana se coloca entre as questões mais relevantes e urgentes da atualidade. Na perspectiva teologal, sugerimos que se indague acerca dos vestígios da presença do Deus de Jesus Cristo e de suas interpelações que nos são dirigidas em meio e a partir da complexidade de nossas "aglomerações suburbanas". Trata-se, em outras palavras, de acolher o fenômeno das "periferias" urbanas como desafio à evangelização, não por motivações sociológicas apenas. A motivação de fundo é teológica, posto que as "periferias", enquanto mundo onde vivem pobres e marginalizados, são acolhidas como interpelação à concreta vida de fé como, de resto, nos exorta o Papa Francisco:

> Precisamos identificar a cidade a partir de um olhar contemplativo, isto é, um olhar de fé que descubra Deus que habita nas suas casas, nas suas ruas, nas suas praças. [...] Ele vive entre os citadinos promovendo a solidariedade, a fraternidade, o desejo de bem, de verdade, de justiça. Essa presença não precisa ser criada, mas descoberta, desvendada. Deus não se esconde de quantos o buscam com coração sincero, ainda que o façam tateando, de maneira imprecisa e incerta (*EG* 71).

Quais seriam, afinal, as principais consequências de se propor as "periferias urbanas" como lugar teológico-eclesial? Gostaríamos de reuni-las, aqui, em torno a três nós de uma intrincada trama: o valor perene da *opção pelos pobres*; a *eleição das periferias* como prioridade na evangelização; o desafio de uma *evangelização inclusiva e integral*.

O valor perene da opção pelos pobres

No intuito de se solidarizar com as populações pobres e marginalizadas de nossas periferias urbanas, a Igreja da América Latina e do Caribe tem se caracterizado, sobretudo a partir da realização da Conferência de Medellín, por iniciativas e processos pastorais de proximidade, inserção e inclusão. Voltar-se ao pobre e a seu "mundo" tem se tornado expressão de singular experiência espiritual: a contemplação do rosto do Cristo sofredor nas feições concretíssimas dos pobres e marginalizados. Inserir-se nas periferias urbanas implica, em primeiro lugar, dar-se conta da complexidade do fenômeno da pobreza e da marginalização. Isso comporta, em um segundo momento, indagar acerca das causas estruturais que a desmascaram como empobrecimento injusto. Somente a partir desses dois primeiros passos a opção pelo pobre pode se constituir em luta contra toda forma de opressão no intuito de sua integral libertação. Expressão de indignação ética face à situação de pobreza e marginalização são as contundentes palavras dos bispos latino-americanos: "O episcopado latino-americano não pode ficar indiferente ante as tremendas injustiças sociais existentes na América Latina, que mantêm a maioria de nossos povos em uma dolorosa pobreza, que em muitos casos chega a ser de miséria humana. Um surdo clamor nasce de milhões de homens, pedindo a seus pastores uma libertação que não lhes chega de nenhuma parte" (*Med* 14,1-2). E, após pouco mais de dez anos, os bispos reunidos em Puebla, referindo-se justamente a esse texto de *Medellín*, afirmam: "O clamor pode ter parecido surdo naquela ocasião. Agora é claro, crescente, impetuoso e, nalguns casos, ameaçador" (n. 89).

No *Documento de Puebla* pobreza e marginalização são apresentadas "como o mais devastador e humilhante flagelo" que acomete nossos povos (n. 18). Essa pobreza, segundo *Puebla*, é crescente. Haveria uma relação diretamente proporcional entre riqueza e pobreza. Enquanto uns poucos enriquecem, a maioria é sempre mais empobrecida. Por esse motivo, alarga-se sempre mais a brecha entre pobres e ricos. Trata-se, portanto, de um crescimento contraditório. Segue-se uma análise mais profunda que indaga acerca das causas estruturais que tornam possível tamanha brecha entre ricos e pobres: "essa pobreza não é uma etapa transitória, e sim produto de situações e estruturas econômicas, sociais e políticas que dão origem a esse estado de pobreza..." produzem... "ricos cada vez mais ricos à custa de pobres cada vez mais pobres" (*DP* 30). Do ponto de vista ético, falam de "injustiça", "estruturas geradoras de injustiça", "mecanismos impregnados de materialismo". E chegam a condenar formalmente o sistema social que gera essa situação de miséria coletiva. À luz da fé, esses mesmos fenômenos são interpretados como verdadeiras "*situa-*

ções de pecado". Fala-se de "situação de pecado social" (*DP* 28; cf. ainda 1.032, 1.225) que, por sua vez, se encontra consubstanciada em "estruturas de pecado" (*DP* 452), é "causada pelo pecado" que tem "dimensões sociais gigantescas" (*DP* 73). Estaríamos diante de "um mistério de pecado" (*DP* 70).

Trazemos ainda o testemunho de dois textos do *Documento de Aparecida*. O primeiro deles, na esteira das conferências anteriores, declara a singular importância da opção pelos pobres na caminhada da Igreja latino-americana e caribenha: "A opção preferencial pelos pobres é uma das peculiaridades que marca a fisionomia da Igreja latino-americana e caribenha" (*DAp* 391). O segundo texto, de maneira firme e clara, declara: "Só a proximidade que nos faz amigos nos permite apreciar profundamente os valores dos pobres de hoje, seus legítimos desejos e seu modo próprio de viver a fé. A opção pelos pobres deve conduzir-nos à amizade com os pobres. Dia a dia os pobres se fazem sujeitos da evangelização e da promoção humana integral. [...] À luz do Evangelho reconhecemos sua imensa dignidade e seu valor sagrado aos olhos de Cristo, pobre com eles e excluído como eles. A partir dessa experiência cristã, compartilharemos com eles a defesa de seus direitos" (*DAp* 398).

Na exortação pós-sinodal *Evangelii Gaudium*, escrita no intuito de "indicar caminhos para o percurso da Igreja nos próximos anos" (*EG* 1), o Papa Francisco revela o cerne de seu projeto eclesial: *Igreja em saída para as periferias do mundo*. E, de consequência, insiste na imprescindibilidade de se optar pelos pobres como condição da realização desse projeto de "uma Igreja pobre e para os pobres". Gostaríamos de destacar algumas afirmações do Papa Francisco a esse propósito, presentes na *Evangelii Gaudium*. Retomando a *Evangelii Nuntiandi*, ele insiste na "conexão íntima que existe entre evangelização e promoção humana" (*EG* 178) e afirma que, "no coração de Deus, ocupam lugar preferencial os pobres [...] todo o caminho de nossa redenção está assinalado pelos pobres" (*EG* 197). E, por essa razão, "para a Igreja, a opção pelos pobres é mais uma categoria teológica que cultural, sociológica, política ou filosófica. [...] Essa preferência divina tem consequências na vida de fé de todos os cristãos" (*EG* 198). Como, de resto, havia já escrito: "Não devem subsistir dúvidas nem explicações que debilitem essa mensagem claríssima. Hoje e sempre, os pobres são os destinatários privilegiados do Evangelho, e a evangelização dirigida gratuitamente a eles é sinal do Reino que Jesus veio trazer. Há que afirmar sem rodeios que existe um vínculo indissolúvel entre nossa fé e os pobres" (*EG* 48). De tal forma que "a falta de solidariedade, nas suas [dos pobres] necessidades, influi diretamente sobre nossa relação com Deus" (*EG* 187).

A eleição das periferias como prioridade na evangelização

Como Igreja, somos chamados e enviados às periferias sociais e existenciais, segundo a expressão peculiar do Papa Francisco (*EG* 20, 30, 59). Além da crescente "periferização" com a consequente constituição de "aglomerações suburbanas", deflagramos a presença, ainda que invisibilizada, de "não cidades" no coração mesmo de nossos centros urbanos: a população em situação de rua. O censo da população em situação de rua de São Paulo realizado em 2015 mostrou a existência de quase 16 mil pessoas nessa situação só na cidade de São Paulo, isto é, sem contar a região metropolitana. Esses talvez sejam os mais pobres dentre todos os que vivem à margem de nossas cidades. Além deles deflagramos a presença de tantas pessoas com alguma deficiência física ou psíquica, idosos que vivem sozinhos, sem qualquer assistência, negros, mulheres e pessoas LGBTQI+ que são vítimas de exclusão e violência nos espaços públicos de nossas cidades.

Há um texto do Papa Francisco que, não obstante tenha sido escrito a teólogos, incide fortemente sobre o tema do qual nos ocupamos. Trata-se da carta, de 3 de março de 2015, enviada ao Arcebispo de Buenos Aires, Cardeal Mario Poli, por ocasião dos cem anos da Faculdade de Teologia da Universidade Católica Argentina (cf. FRANCISCO, 2015). Os desafios postos pelo papa ao fazer teológico valem em igual medida para a ação evangelizadora. Escreve o papa: "Ensinar e estudar teologia significa viver em uma fronteira na qual o Evangelho se encontra com as necessidades das pessoas..."; à teologia incumbe além de estar "radicada e fundada na revelação, na tradição", acompanhar "também os processos culturais e sociais, em particular as transições difíceis e os conflitos"; "não só os que experimentamos na Igreja, mas também os relativos ao mundo e que são vividos nas ruas da América Latina". E exorta: "O vosso lugar de reflexão sejam as fronteiras. E não cedei à tentação de as ornamentar, perfumar, consertar nem domesticar. Até os bons teólogos, como os bons pastores, têm o odor do povo e da rua e, com sua reflexão, derramam azeite e vinho sobre as feridas dos homens".

Na esteira do que diz o papa, a solidariedade que, enquanto Igreja, queremos instaurar para com os habitantes de nossas periferias urbanas se tornará efetiva somente sob a condição de que, em nossa missão evangelizadora, nos comprometamos com suas vidas, assumindo suas necessidades e reivindicações. Nesse sentido, como fazer para que, de fato, necessidades e reivindicações dos habitantes das periferias urbanas sejam assumidas como prioridades de nossa evangelização? O que fazer para que nosso empenho evangelizador se concentre na resposta a tais emergências que brotam da vida cotidiana dessas populações? Trata-se de grande desafio e também de oportunidade ímpar para que, auscultando e acolhendo tais demandas, possamos reinventar práticas e discursos que revelem a perene atualidade e a relevância do Evangelho de Jesus Cristo. Por essa razão, uma sensibilidade mais aguda para com as populações pobres e marginalizadas de nossas periferias urbanas tornará possível aquele processo tão almejado: a recriação de expressões de nossa fé genuína.

Todavia, somos de opinião que essas questões deverão também produzir uma nova configuração geográfica e espacial de nossa presença e ação. Nossas instituições eclesiais, em geral, reproduzem as estruturas das cidades. Nossas paróquias, por exemplo, possuem suas matrizes dentro dos limites considerados "urbanos", enquanto nas aglomerações suburbanas e favelas constroem-se capelas em torno das quais se realiza, com raras exceções, uma pastoral de visitação e assistência esporádica. Acreditamos que nossas paróquias constituam o retrato fiel de nosso passado colonial, uma vez que, na maioria dos casos, continuam refletindo e sustentando expedientes tipicamente colonialistas de "naturalização" de desigualdades (econômicas, raciais, socioculturais etc.) e de segregação territorial. Como fazer então para deflagrar e quiçá reverter semelhante processo? Que consequências práticas traria a decisão efetiva de erigir as periferias como prioridade na evangelização? Quais seriam os instrumentos necessários para transformar nossas paróquias em rede de comunidades eclesiais?

O desafio de uma evangelização inclusiva e integral

As considerações feitas nos dois parágrafos anteriores poderiam dar a impressão de estarmos propondo uma evangelização que opere uma exclusão às avessas, ou seja, revanchista. Poder-se-ia, em um primeiro momento, pensar que para fazer frente a processos de exclusão de empobrecidos e marginalizados, moradores de nossas periferias urbanas, estaríamos sugerindo a exclusão daqueles que habitam nos espaços urbanos privilegiados e que constituem, enquanto tais, os beneficiários da atual configuração econômica, sociocultural e geográfica de nossas cidades. Nada disso. O fato de propormos a opção pelos moradores das periferias e sua eleição como prioridade na ação evangelizadora tem como motivação última a efetivação de uma evangelização integral e inclusiva de todos e todas, sem exceção.

Sobretudo a partir da realização da Conferência de Puebla vai ficando cada vez mais claro que a opção pelos pobres se constitui em perspectiva a partir da qual evangelizar a todos, sem exclusão. E isso implica o fato de que, segundo o *Documento de Puebla*, a imprescindível condição para que a Igreja possa "evangelizar os ricos" (*DP* 1.156) e "evangelizar o poder" (*DP* 144, 515) é colocar-se em comunhão com os pobres, assumindo a "denúncia profética" (*DP* 1.138). Acreditamos firmemente que condição imprescindível para se dirigir a todos sem exceção é assumir a situação e a perspectiva dos empobrecidos e marginalizados de nossas periferias. Pois só conseguiremos incluir todos e todas se elegermos prioritariamente pobres e excluídos. A assunção dessa parcialidade evangélica torna-se, assim, condição inequívoca da possibilidade de se fomentar uma evangelização que seja, para todos os efeitos, inclusiva e integral.

Essa convicção nos vem da leitura atenta dos evangelhos ao narrarem o ministério público de Jesus. Jesus não apenas anuncia a vinda iminente do Reino de Deus, mas o torna presente por meio dos sinais que realiza em favor dos pobres e marginalizados. "Esgotou-se o tempo. O Reino de Deus foi aproximado. Convertei-vos e crede nesta alvissareira notícia" (Mc 1,15). O início do ministério público de Jesus, segundo o Evangelho de Lucas, se dá na sinagoga onde faz a leitura do texto de Isaías (cf. Is 61,1-2) que apresenta o Messias como aquele que veio proclamar o ano da graça do Senhor e, portanto, libertar os oprimidos e os prisioneiros (cf. Lc 4,16-21). O relato das Bem-aventuranças (cf. Lc 6,20-23; Mt 5,3-12) confirma essa nota distintiva da pregação de Jesus. Mas é sua prática, sobretudo, que explicita o conteúdo da pregação: a constituição do grupo dos doze a partir de pessoas consideradas impuras pela religião oficial; a ousadia na relação com as mulheres; a peculiar interpretação da Lei e das tradições de seu povo, codificada no princípio reiterado por Ele de que o sábado foi feito para as pessoas e não o contrário; os milagres como sinal de seu cuidado e enternecimento para com os doentes, excluídos da convivência social; acolhida incondicional de pecadores; disponibilidade ao diálogo e especial cuidado em fazer com que os excluídos recobrassem a voz que lhes tinha sido sequestrada (cf. TAVARES, 2007).

Concluindo, gostaríamos de lembrar o que disse o Papa Francisco em seu discurso durante a visita ao bairro pobre de Kangemi, Nairobi (Quênia): "O caminho de Jesus começou na periferia, vai dos pobres e, com os pobres, para todos" (FRANCISCO, 2015).

Referências

AQUINO JÚNIOR, F. *Teologia em saída para as periferias*. São Paulo/Recife: Paulinas/Unicap, 2019.

BOFF, C. "Retrato de 15 anos da Teologia da Libertação". In: *Revista Eclesiástica Brasileira*, vol. 46, 1986, p. 262-271.

_____. "A Teologia da Libertação: recepção criativa do Vaticano II a partir da ótica dos pobres". In: BOFF, L. *Do lugar do pobre*. Petrópolis: Vozes, 1984, p. 13-43.

_____. *Sinais dos tempos* – Princípios de leitura. São Paulo: Loyola, 1979.

ELLACURÍA, I. *Conversión de la Iglesia al Reino de Dios*. San Salvador, 1985.

FRANCISCO. *Discurso proferido na visita ao bairro pobre de Kangemi.* Nairobi, 27/11/2015 [Disponível em http://www.vatican.va/content/francesco/pt/speeches/2015/november/documents/papa-francesco_20151127_kenya-kangemi.html – Acesso em 22/11/2019].

_____. *Carta por ocasião do centenário da Faculdade de Teologia da Pontifícia Universidade Católica Argentina.* Cidade do Vaticano, 03/03/2015 [Disponível em http://www.vatican.va/content/francesco/pt/letters/2015/documents/papa-francesco_20150303_lettera-universita-cattolica-argentina.html – Acesso em 22/11/2019].

LEFF, E. *Saber ambiental.* Petrópolis: Vozes, 2001.

MARICATO, E. *Brasil, cidades*: alternativas para a crise urbana. Petrópolis: Vozes, 2013.

PORTO GONÇALVES, C.W. *A globalização da natureza e a natureza da globalização.* Rio de Janeiro: Civilização Brasileira, 2015.

RODRIGUEZ IBÁNEZ, M. "Ressignificando a cidade colonial e extrativista. Bem Viver a partir de contextos urbanos". In: DILGER, H.; LANG, M. & PEREIRA FILHO, J. (orgs.). *Descolonizar o imaginário* – Debates sobre pós-extrativismo e alternativas ao desenvolvimento. São Paulo: Fundação Rosa Luxemburgo/Autonomia Literária/Elefante, 2016, p. 296-333.

ROLNIK, R. "A questão urbana no Brasil contemporâneo". In: RODRIGUES, S. (org.). *CEBs e mundo urbano*: perspectivas no pontificado de Francisco. Rio de Janeiro: GraVida, 2016, p. 15-23.

SOBRINO, J. "Los 'signos de los tiempos' en la teología de la liberación". In: VV.AA. *Fides quae per caritatem operatur*: Omaggio a J. Alfaro. Bilbao: Santander, 1980, p. 249-269.

TAVARES, S.S. "À margem de uma comemoração: considerações sobre a Teologia da Libertação no seu quarentenário". In: *Horizonte*, vol. 11/32, 2013, p. 1.378-1.402.

_____. *Jesus, parábola de Deus* – Cristologia narrativa. Petrópolis: Vozes, 2007.

Parte III
PASTORAL URBANA

9
Uma pastoral com rosto urbano

*Manoel José de Godoy**

Se por um lado os anos de experiência pastoral da instituição católica podem pesar e até torná-la lenta nos seus passos, por outro, desde que ela decidiu se abrir ao mundo onde está mergulhada, as oportunidades emergiram freneticamente, sacudindo todas as suas estruturas. O que pode ser ocasião de susto e fechamento para alguns, para outros se percebe que a Boa-nova ganha chances inéditas de se apresentar como fermento em uma massa, às vezes, inóspita à primeira vista. O que é certo é o caráter irreversível das mudanças eclesiais. Por mais que se multipliquem grupos saudosistas, fundamentalistas e integralistas, a abertura iniciada com o Concílio Vaticano II vai se impor, não tanto porque a instituição assim o deseje, mas pela força das transformações sociais e culturais. O mundo plural é uma realidade que não aceita processos fechados que o ignorem. Como tão bem afirmou o Papa Francisco, "já não estamos na Cristandade! Já não somos os únicos que produzem cultura, nem os primeiros e nem os mais ouvidos". Esse realismo precisa impregnar a mente e o coração de todos os que querem levar a sério o desafio proposto à evangelização nos dias de hoje. Na sociedade hodierna, a fé deve passar do seu método tradicional de ser uma grandeza transmitida para ser proposta aos cidadãos destes tempos tão plurais.

Vivemos hoje em uma encruzilhada. Há os que optam pela estrada do retorno, onde buscam segurança e estabilidade, sem perceber

---

* Presbítero que atua na Arquidiocese de Belo Horizonte como administrador paroquial da Paróquia de São Tarcísio; professor na Faculdade Jesuíta de Belo Horizonte; professor do Cebitepa/Celam, Bogotá; membro do grupo Ameríndia.

que, depois de alguns quilômetros de caminhada, terão entrado em um beco estreito e sem saída. Há quem aceite o desafio da redefinição constante, em que atingir uma meta não passa de uma etapa da história, sempre apontando para o infinito a ser buscado, tornando vivo os sinais do Reino presente no hoje de nossa existência. É claro que essas opções não se reduzem a exercícios meramente racionais. O todo de cada um entra em jogo no momento de decidir e há mesmo quem não tenha nem condições humanas e estruturas psíquicas para aceitar o processo de desconstrução e construção, entendido de maneira dialética. Essa forma de vida exige mística e espiritualidade, revelando que absoluto é só Deus. Tudo o mais se dissolve na precariedade da existência humana.

Viver na cidade exige exatamente essa postura de discernimento permanente, pois os sinais de Deus aí estão, mesclados com os mais diversos processos que constituem a vida e a cultura urbanas. Olhar com ternura a cidade; decifrar o tempo em que se vive; abrir-se à busca permanente de paradigmas que deem conta da realidade são condições para que o Evangelho tenha chance de ser proposto verdadeiramente como Boa-nova para os homens e mulheres urbanos.

1 Um primeiro olhar sobre a cidade

Muito já se falou da inadequação da expressão "pastoral urbana", mas ela continua sendo usada quando se pretende falar da ação da Igreja na cidade. O imaginário que está por trás da expressão nos remete à ação do pastor e, mesmo considerando a sua evolução semântica, nos lembra sempre o ambiente rural. Porém, chamar de pastoral a ação prática da Igreja, em qualquer circunstância, persiste ao longo dos tempos. Tem fundamentação bíblica, tanto no Primeiro quanto no Segundo Testamentos. Assim sendo, ainda que hoje a instituição católica acentue mais o termo "evangelização", a pastoral continua significando a ação de inúmeros grupos dentro dela. Quando a CNBB alterou o nome de suas *Diretrizes pastorais* para *Diretrizes da ação evangelizadora*, o fez com a justificativa de que a nova nomenclatura ajudaria a passar uma visão mais aberta da ação eclesial, pois por pastoral entendia-se uma prática muito *ad intra*. Ainda assim, a pastoral segue sua trajetória de significação da ação mais encarnada de cristãos na Igreja e na sociedade. "Pastoral" também serviu para contrapor à ação de adeptos de movimentos espiritualistas, que sempre rejeitaram essa referência aos seus intentos evangelizadores. Os movimentos passaram a adotar uma nova maneira de referir-se aos eventos que marcam suas mais variadas iniciativas religiosas: ministério, evangelização, pregação e outros termos. Estamos, de fato, diante de um desafio imenso em questão de linguagem. Pela avalanche bem-sucedida dos movimentos pentecostais, católicos e evangélicos, parece que eles descobriram uma maneira de comunicação com a sociedade atual mais eficaz do que aquela usada no tempo das pastorais. Esse tempo nos remete às décadas de 1970 e 1980, quando, a cada Campanha da Fraternidade, se criava uma frente pastoral em resposta às demandas temáticas: saúde, educação, negros, mulheres marginalizadas, menores, presidiários, sem-terra, sem-teto, indígenas e outras. Esse modelo mais coletivo e articulado com a relação Igreja e sociedade alcançou um grau de saturação muito forte, e o que vemos hoje é uma Igreja muito voltada à temática mais subjetivista e individualista.

O rosto atual da Igreja, em grande parte, se parece bastante ao das ONGs de autoajuda, reforçando quase que exclusivamente sua dimensão terapêutica. E quanto mais a situação socioeconômica se deteriora, mais sucesso encontra tal dimensão da religião. Aumenta o número de pessoas em busca da ascensão social, da cura pessoal, da saída de estados depressivos. Embora se detecte essa perspectiva em todas as camadas sociais, é nas periferias pobres que se dá de maneira mais contundente o sucesso desse tipo de ação eclesial. Em uma análise dos dados do último censo realizada pelo serviço de geoprocessamento da PUC-Minas, detectou-se que a maioria dos católicos se concentra nos bairros mais abastados da cidade de Belo Horizonte, em gritante diferença em relação aos bairros mais periféricos e pobres. Há bairros onde já se percebe uma maioria de fiéis de instituições evangélicas pentecostais, em comparação com os da Igreja Católica. E vale a pena debruçar-se não somente na questão da perspectiva da teologia da prosperidade ou da retribuição, mas também na linguagem utilizada pelos movimentos evangélicos pentecostais. Insiste-se, por exemplo, nos atributos tradicionais ao falar de Deus: onipresente, onisciente e, sobretudo, onipotente. O Deus que tudo pode, o Todo-poderoso, é constantemente invocado, tornando-se como a última tábua de salvação para quem vive em situação de depressão psicológica ou extremamente necessitado das coisas mais básicas na vida. Fica difícil falar de um Deus encarnado, que faz história com seu povo, que assume a fragilidade do ser humano e sofre com ele as vicissitudes do cotidiano. O Deus de Fl 2, que se esvazia e assume a condição humana, é praticamente banido das atuais teologias neopentecostais. Com a aliança dessas correntes religiosas com certo jeito de fazer política, fica ainda mais evidente que o discurso que elas utilizam atinge em cheio uma parcela significativa da população. Em pesquisas, evidencia-se que os agentes do atual governo mais bem avaliados são aqueles que usam uma linguagem próxima do universo de camadas mais simples da sociedade brasileira ou que atuam no mundo do crime. Inúmeros comunicadores desse meio têm sucesso garantido no cenário eleitoral. A linguagem direta somada à espetacularização da violência ocupa um espaço imenso da mídia. Tudo isso nos desafia a buscar caminhos de penetração da mensagem autêntica do Evangelho e das pautas de uma narrativa social na perspectiva da justiça e dos direitos humanos. Por enquanto, o que se vê é a vitória do discurso das correntes neopentecostais e do mundo do crime, veiculado pela mídia.

É claro que não se trata apenas da questão da linguagem, mas sobretudo de método, de pedagogia. Faz-se urgente a necessidade de superação de um tipo de relacionamento que se baseia somente no despejo de conteúdo na cabeça das pessoas, tratando-as como depósitos vazios prontos para serem locupletados por discursos e mensagens prontas. A evangelização passa pelo reconhecimento da capacidade do outro de dialogar e também por evangelizar o evangelizador. Aqui não há espaço para a arrogância. Somos todos aprendizes daquele que é o único Mestre verdadeiro.

E, por fim, a evangelização se depara agora com o novo mundo digital. Mundo célere, desafiando o ritmo da instituição católica, que carrega o peso do tempo. Uma pastoral com rosto urbano deverá se defrontar com essa nova realidade, que é freneticamente mutante. O mundo digital nos surpreende cotidianamente com a emergência de novas técnicas a cada dia, a cada minuto. Trata-se de outro tipo de linguagem e comunicação, ao qual a instituição católica apenas começa a dar seus primeiros passos. Uma pessoa que domina bem a linguagem digital e suas infinitas possibilidades pode atingir um público que supera e muito os habitantes de uma grande cidade. Pode-se dizer que a diocese de um bom comunicador tem público maior do que qualquer megalópole. Portanto, não se concebe mais uma cidade aquartelada, cercada de muros. Suas fronteiras são invisíveis e se perdem no infinito do mundo digital. Infelizmente, a instituição católica, que sempre se estruturou sob critérios territoriais físicos, está diante de uma realidade de constante desterritorialidade. O homem e a mulher urbanos são de alma nômade. Apesar de viver em um bairro por longos anos, suas relações não se fixam em um só território. Trabalham, fazem lazer, estudam e multiplicam suas atividades em diversos pontos da cidade, flexibilizando absolutamente a questão territorial. Isso facilita sua relação com o mundo digital, que transporta as pessoas para além de sua localização geográfica em frações de minutos. A alma nômade urbana casa perfeitamente com as perspectivas da era digital. A pastoral com rosto urbano terá que ir alargando seus horizontes para essas novas fronteiras.

Levando em consideração esse breve relato, busquemos entender o porquê do fascínio que a cidade exerce sobre a grande maioria da população, suas novas configurações e quais as chances que a evangelização aí encontra para seguir sua missão de construção do Reino no aqui e agora da história. Em meio às contradições, as cidades vêm ganhando do campo em questão de preferência dos mais diversos povos. Nosso mundo hoje é extremamente citadino: a população urbana no Brasil saltou de 50% para 80%.

A grande maioria dos brasileiros tem buscado a cidade como espaço de realização de seus sonhos. Todos vêm para a cidade fascinados por suas luzes, cores e possibilidades de realização na vida. Não importa que, quando podem fazer seu lazer, muitos preferem a zona rural. O que tanta gente teria vindo buscar na cidade se para os momentos melhores da vida voltam ao campo? Uma resposta rápida nos leva a atribuir esse fenômeno aos fatores econômicos, ao estresse da vida na cidade e aos resquícios de alma rural que habitam os corações de todo citadino. Será que só esses elementos dão conta de explicar tal fenômeno? Quantos moradores de rua, vivendo em condições tão precárias, trocaram o campo pela cidade? De onde vieram os habitantes de nossas favelas? Como explicar o fracasso das políticas de incentivo de fixação da população na zona rural?

"O ar da cidade torna livres", afirmava um ditado medieval. E quem não conhece o outro ditado que diz: "Buraco pequeno, inferno grande", referindo-se aos pequenos vilarejos, onde o cidadão tem sua vida extremamente controlada e vigiada por todos? O certo é que as pessoas procuram um lugar onde possam construir sua própria vida, em uma perspectiva de realização pessoal, de saúde corporal e espiritual, de descoberta do sentido e do gosto de viver, com base em maiores possibilidades de escolha, com menor influência de fatores externos, livres dos espiões da vida alheia.

As pessoas na cidade têm a sensação, mais do que no campo, de poder fazer sua vida de maneira pessoal, flexibilizando as influências do ambiente e das tradições. Mesmo com todas as desigualdades de oportunidades tão visíveis nas cidades, as pessoas têm o sentimento de superação de limitações materiais características do campo. Aí, as tradições passadas de pai para filho fomentavam um processo mimético, estático e previsível. Os filhos já conheciam seu futuro, espelhado no estilo de vida dos pais. A vida na cidade é mais plural e o indivíduo pensa poder escolher o que quer ser no futuro. Na verdade, a cidade atrai e trai, pois chegando nela as pessoas descobrem, não teoricamente, mas na prática, que ela é também excludente. O sonho de que na cidade vai conseguir realizar seus desejos tem enormes limites começa a se desvanecer, porém não tem mais volta, o jeito é sujeitar-se às novas condições de vida.

A liberdade que as cidades, muito mais do que o campo, oferecem combina perfeitamente com uma situação cultural de individualismo, marcada pelo desejo de autonomia das pessoas. Ouso dizer que até a adesão a certos movimentos de reivindicação por melhorias coletivas esconde, muitas vezes, desejos bem individuais. Ora, essa realidade não deve ser considerada puramente negativa e nem misturada com o egoísmo, pois são atitudes originárias de um desejo legítimo.

O desafio está em que a sociedade contemporânea geralmente garante liberdade somente na esfera do privado, marginalizando as pessoas dos direitos nas áreas econômicas, políticas, jurídicas etc. O discurso social é ambíguo, pois ao mesmo tempo em que prega o senhorio absoluto das pessoas no campo da escolha moral e religiosa, esconde sua falta de liberdade, advinda de sua condição socioeconômica.

Os sonhos represados, assim como as águas, produzem energia. Se em um momento o sistema capitalista soube direcionar essa força para aumentar a produção, como forma de realização desses sonhos, hoje, parece que vivemos em um esgotamento desse modelo e a energia acumulada encontra outras formas de vazão. A população vive assustada frente a um iminente rompimento do tecido social. As crises pelas quais passam os sistemas econômicos, políticos e jurídicos produzem uma sensação de apagão no fim do túnel. Cada um se defende como pode. Os ricos vão criando os chamados entornos urbanos da nobreza, enquanto as cidades vão ficando, cada vez mais, como espaços deteriorados de convivência humana.

O ambiente urbano se caracteriza por ser extremamente complexo e variado, gerando conflitos de interesse e de modos de vida bastante diferenciados. Cada dimensão que compõe a cidade, se tomada em particular, nos coloca frente a frente com situações conflitivas, pois estamos em um país significativamente atrasado no que tange às demandas da qualidade de vida da população. Se você toma o sistema viário, depara-se com um número assustador de mortes no trânsito; frente ao saneamento básico, você topa com inúmeras residências convivendo com o esgoto à sua porta, gerando doenças de todo tipo; o *deficit* no sistema habitacional tem se tornado crônico neste país; e assim por diante, temos rupturas imensas em todo o sistema social, provocadas, sobretudo, pela imensa desigualdade social, uma das maiores do mundo, e que cresce a cada dia.

Se buscarmos o saneamento de ponto por ponto, sem uma consideração mais ampla que desvele a origem de todos os males, corremos o risco de nos cansarmos de enxugar a sala com a torneira aberta.

Essa situação tem gerado enorme insegurança e provocado uma sensação ruim de vida sem sentido, fazendo surgir uma verdadeira sociedade do risco. Risco não somente de catástrofes climáticas e ecológicas, químicas e atômicas, mas da violência urbana e até doméstica. Risco que provoca um comportamento presentista, pois o passado, além de distanciar-se tão rapidamente, já não apresenta bases sólidas frente às mudanças gigantescas de valores. O futuro se apresenta muito incerto, diante de regras sociais tão fluidas e líquidas, descartáveis e descartadas. Como diz a canção: "Nada do que foi será de novo do jeito que já foi um dia. Tudo passa, tudo sempre passará". Sendo assim, é melhor gozar o presente, buscar satisfação rápida e imediata. É o império do *carpe diem* pós-moderno.

Nesse contexto, será que a religião tem algo a oferecer às pessoas que vieram às cidades em busca do sonho da liberdade e que hoje se veem desafiadas pela sociedade de risco? É possível responder às demandas religiosas sem reduzir a grandeza da proposta do Evangelho à mera satisfação emocional, como uma espécie de religião terapêutica?

A primeira atitude à qual somos convocados é a de nos despojarmos de velhos preconceitos em relação à realidade urbana. Afinal de contas, as pessoas, ainda que em ritmo menor, continuam apostando na cidade como espaço privilegiado de realização pessoal. É preciso e urgente nos dedicarmos a conhecer a cidade, buscando nela bases de sustentação de uma vida fraterna, justa e autenticamente cristã.

2 A cidade em três tempos: *cronos, kairós* e *eschaton*

Cada vez que falamos do tempo, somos levados à frase mais comum nos dias de hoje: não tenho tempo. Sobretudo no contexto das grandes cidades, é impressionante o quanto somos escravos da sequência acelerada das horas. Será que é possível pensar em tempo urbano, abrindo brechas para outras dimensões mais prazerosas e lúdicas do tempo, em que o passar das horas possa ter uma conotação mais gozosa?

Falar em tempo nos remete aos vários sentidos desse vocábulo, que em grego percebemos melhor sua polissemia. Tempo é mais comumente relacionado ao conceito de *cronos*: o tempo das horas e datas, dos relógios e calendários. Como afirma o teólogo dominicano Albert Nolan: "O tempo é concebido como um espaço vazio medido e numerado que pode ser preenchido com eventos de maior ou menor importância" (NOLAN, 2012, p. 109). Assim sendo, *cronos* é o tempo quantificado.

Tempo também pode ser *kairós*. Pela mitologia grega, Kairós era filho de Cronos, deus do tempo e das estações. Ao contrário de seu pai, Kairós expressava uma ideia metafórica do tempo, tornando esse indeterminável e imensurável; uma oportunidade ou ocasião certa para determinada coisa. *Kairós* é um *momento oportuno único*, que pode estar presente dentro do espaço de um tempo físico, determinado por Cronos, ainda segundo a mitologia grega. *Kairós* seria o período ideal para a realização de uma coisa específica, que pode ser um objeto, processo ou contexto.

Enquanto *cronos* é o tempo quantificável, *kairós* é o tempo enquanto qualidade. Vemos isso magnificamente expresso em Ecl 3,1-8 e era assim que o povo hebreu concebia o tempo: "Há um momento para tudo e um tempo para todo propósito debaixo do céu". Usamos várias analogias para nos referirmos à qualidade do tempo: "O mar não está pra peixe"; "céu de brigadeiro"; "inferno astral"; "inverno eclesial" e outras. Qualquer expressão como essas qualificam o tempo e nos indicam tempos oportunos ou inoportunos. Porém, nem tudo é *kairós*. Este é um tempo especial, sobretudo na literatura bíblica, onde um acontecimento significativo para o povo de Deus era caracterizado como *kairós*; tudo o mais, apenas um *cronos*. Em outras palavras, o ordinário da história era sempre *cronos* e o extraordinário um *kairós*. O tempo do Verbo encarnado na história pode ser exemplo máximo de *kairós*; um acontecimento único e irrepetível: tempo da graça!

Tempo também pode ser *eschaton* que, na visão de Nolan, "em termos simples, é um evento que se situa em um futuro próximo, um ato de Deus, que determina a qualidade, a atmosfera moral e a seriedade do nosso tempo presente – ou seja, ele transforma o momento presente em uma modalidade particular de *kairós*" (NOLAN, 2012, p. 113). No prisma da Páscoa cristã, *eschaton* é como um abrir as portas para um novo tempo, outra vez sem medida e sem contornos definidos, portanto longe da desesperança, do sentimento de finitude imposta. *Eschaton*, portanto, é um acontecimento qualitativa e radicalmente novo.

O *eschaton* bíblico também está relacionado com a tradição profética, que o associava a um tempo de acerto de contas, tornando o *eschaton* boa-nova para os justos, mas ruína e perdição para os ímpios. Nessa perspectiva, um *kairós* se configura como um tempo de graça, uma oportunidade única para a conversão, para não ser surpreendido pelo dia do ajuste de contas. Pode-se dizer que *eschaton* é o dia da libertação e o *kairós*, o momento oportuno para a conversão e o regozijo diante da graça de Deus.

A vida na cidade está permeada pela dialética dessa tríade de tempo cronometrado, tempo de gozo e tempo para se libertar do que nos prende neste aqui e agora muitas vezes sufocante. Junto à categoria do tempo, vivemos mergulhados na perspectiva de uma pluralidade cada vez mais crescente e desafiadora. Parece que não daremos conta no tempo que temos de viver toda a riqueza das oportunidades que se nos apresentam no cotidiano que há muito deixou de ser monótono e simples.

Para a pastoral na cidade, combinar tempo e pluralismo é fundamental, pois corre-se o risco constante de uma fragmentação ao abrir-se às inúmeras possibilidades de intervenção no cotidiano urbano. Tentando responder aos inúmeros desafios que a cidade nos faz, vamos criando pastorais específicas para responder demandas diversas, mas sem um fio condutor que nos possibilite ter um foco claro de ação evangelizadora. Nossos planos de pastoral já não dão conta de nos oferecer prioridades orientadoras. Basta ver os novos planos diocesanos inspirados nas novas *Diretrizes gerais da ação evangelizadora da Igreja no Brasil*. Opta-se pelos quatro pilares propostos – Palavra, Pão, caridade e ação missionária. Ora, tais pilares constituem a totalidade da ação eclesial e não prioridades propriamente ditas. Neles cabe tudo, sem priorizar absolutamente nada. O pluralismo aí está, abrangendo o todo urbano, mas sem evitar o desafio da fragmentação pastoral. Infelizmente, as novas *Diretrizes*, que tão bem detectam o mundo urbano como um grande desafio para a evangelização, têm uma visão muito reducionista da cidade, destacando a cultura, mas desprezando as outras dimensões que compõem o mundo urbano. Os conflitos de classe tão fortes nas cidades, sobretudo nas megalópoles, onde aglomerados pobres convivem com bairros nobres ou indivíduos em situação de rua dormem embaixo de marquises comerciais, são praticamente ignorados pelas novas *Diretrizes*. A relação das comunidades com os movimentos que buscam a defesa de direitos essenciais dos citadinos também é ausente. Em uma tentativa de conciliar diversas posturas eclesiásticas contrárias a um posicionamento mais transparente da Igreja frente aos conflitos sociais e políticos, desconheceram a terminologia clássica das comunidades proféticas, conhecidas como Comunidades Eclesiais de Base e adotaram a expressão "Comunidades Eclesiais Missionárias". Apesar do termo "missionárias", tais comunidades não apresentam uma articulação real com o mundo a ser missionado, mundo que tem perspectivas sociais, políticas, econômicas, religiosas e ideológicas, não só culturais. Aqui se poderia dizer: "nem só de cultura vive o homem". Os quatro pilares de sustentação das comunidades eclesiais missionárias sofrem com essa perspectiva reducionista ao cultural e terminam por não dar continuidade ao esforço do Papa Francisco de constituição de uma Igreja verdadeiramente em saída. Seria oportuno voltarmos ao programa do Papa Francisco, que é muito mais contundente e profético. Ele não teve medo de colocar o dedo na ferida, afirmando que o sistema econômico é "injusto pela raiz", pois "esta economia mata porque prevalece a lei do mais forte" (*EG* 59). Fez um vínculo concreto entre essa economia com a cultura que ela gera, cultura do descartável, que faz com que os excluídos não sejam mais explorados, mas considerados como lixo, sobras (cf. *EG* 53). O Papa Francisco ainda insiste categoricamente que "qualquer comunidade dentro da Igreja que se esquecer dos pobres corre o risco de dissolução" (*EG* 207). As *Diretrizes* ficaram distantes do veio profético do Papa Francisco presente em sua exortação, quando enumera os desafios do mundo contemporâneo e destaca como missão da Igreja o cuidado dos mais fracos.

Esse vasto panorama oferecido pela cidade quer ser apenas um movimento amplo de abrir portas e janelas para o mundo complexo, dinâmico, marcado pelo virtual e por sua frenética velocidade. É preciso continuar buscando pistas de ação para o anúncio efetivo da Boa-nova no contexto urbano. E penso que a perspectiva da cidade em três tempos pode se configurar em uma real oportunidade para a evangelização, para a elaboração de projetos pastorais que levem em conta as dimensões temporais às quais estamos submetidos.

3 Uma chance para o Evangelho

É de suma importância que tenhamos uma postura tranquila e aberta frente à nova realidade urbana, sobretudo em relação ao pluralismo generalizado no qual as cidades estão mergulhadas. Uma mentalidade fechada, tacanha, saudosista e proselitista não dará conta de abrir brechas para o Evangelho no contexto urbano atual.

Faço aqui uma tentativa de aplicar ao desafio de evangelização na cidade dos quatro princípios que, segundo o Papa Francisco, "orientam especificamente o desenvolvimento da convivência social e a construção de um povo no qual as diferenças se harmonizam dentro de um projeto comum" (*EG* 221).

Primeiro princípio: o tempo é superior ao espaço

O contexto urbano é o mais adequado para se entender a afirmação do Papa Francisco de que "existe uma tensão bipolar entre a plenitude e o limite. A plenitude gera a vontade de possuir tudo, e o limite é o muro que nos aparece pela frente" (*EG* 222). Esse princípio é pertinente na cidade no sentido de que pode levar os citadinos a pensarem mais em longo prazo, enfrentando a mentalidade imediatista.

A sugestão que daqui emerge é a de desencadear processos mais do que ocupar espaços. Precisamos, de fato, e coletivamente, ir descobrindo brechas para que a evangelização aconteça de modo processual, progressivo. Trata-se da pastoral propositiva, que vai envolvendo o maior número de pessoas para que, juntas, consigam ir impregnando todos os ambientes possíveis das virtudes evangélicas. Processos individuais, familiares e sociais que ressaltem os verdadeiros valores que contam na gestação do homem e mulheres novos. Nunca desistir das pequenas iniciativas, com todas as faixas etárias. Se, para o sistema econômico vigente, o capitalista, as crianças, os jovens e os idosos não contam porque estão fora do mercado de trabalho, a Igreja deve ir na contramão dessa mentalidade, envolvendo-os na construção de processos onde eles se sintam valorizados como seres humanos, filhos de Deus e herdeiros de suas bênçãos e graças. Os espaços ora são ocupados por uns ora por outros, os processos têm mais fôlego e geram frutos mais permanentes.

Segundo princípio: a unidade prevalece sobre o conflito

É preciso partirmos da constatação de que vivemos sob o regime de uma conjuntura verdadeiramente conflitual e que nas cidades tudo está bem escancarado. Não há como viver como avestruzes no contexto urbano, pois os conflitos nos encurralam cotidianamente. Porém, precisamos ir gerando coletivos de solução dos conflitos, transformando-os "no elo de um novo processo" (*EG* 227). Se conflitos são gerados por causa do choque de interesses de diferentes grupos sociais, é fundamental desenvolvermos uma cultura de comunhão nas diferenças. Isso é mais do que tolerância!

A sociedade brasileira descortinou nesses últimos anos conflitos imensos que estavam abafados e que agora vêm à tona com uma força assustadora. Grupos fundamentalistas vêm fomentando atitudes separatistas, moralistas e intolerantes de forma exacerbada. Xenófobos, misóginos, racistas, homofóbicos e outras expressões de intolerância têm ocupado grandes espaços sociais, comprometendo o processo de construção de uma sociedade superando as desigualdades. No fomento do princípio de que a unidade prevalece, o conflito poderá se configurar de grande utilidade, pois no mundo urbano a solidariedade é elemento fundamental para que o tecido social não se esgarce, fomentando ainda mais a violência. Como afirma o Papa Francisco:

"Com corações despedaçados em milhares de fragmentos, será difícil construir uma verdadeira paz social" (*EG* 229).

Terceiro princípio: a realidade é mais importante do que a ideia

Esse princípio ganha ares de urgência em uma sociedade que usa e abusa da meia-verdade, da aparência de verdade. Para uma ação eficaz na cidade, a Igreja precisa do exercício permanente do discernimento frente à realidade e suas múltiplas faces. Descolar-se da realidade é caminho certo para uma Igreja que não responde mais para os desafios da diversidade urbana. O cristianismo tem um ingrediente utópico que nos motiva a buscar sempre superações e não a virar sonhadores de possibilidades impossíveis. O Papa Francisco afirma que "o critério da realidade, de uma Palavra já encarnada e sempre procurando encarnar-se, é essencial à evangelização" (*EG* 233).

Pergunta permanente para nosso agir na cidade: qual é a realidade que vemos? Um espírito perscrutador é fundamental para nossa pastoral urbana. A realidade complexa, violenta, plural, multicor e agitada da cidade está permeada por muitas ações de solidariedade, amor, tentativas de respostas aos conflitos, à fome do outro, às enfermidades, à solidão. Há uma teia de pequenas ações que tornam a cidade sempre mais humana e prazerosa de se viver nela.

A dialética entre realidade e conceitos que dela mesma brotam é sempre salutar, pois as ideias movem a cidade e esta vai fazendo surgir novos parâmetros de ação que podem estar articulados com a evangelização na cidade. É fundamental não ficar parado nas ideias, mas transformá-las em projetos factíveis, pois como diz o Papa Francisco: "Não pôr em prática, não levar à realidade a Palavra é construir sobre a areia, permanecer na pura ideia e degenerar em intimismos e gnosticismos que não dão fruto, que esterilizam o seu dinamismo" (*EG* 233).

O confronto entre ideia e realidade urbana pode engendrar uma verdadeira teologia da cidade, onde o círculo hermenêutico "se constitui a partir da melhor compreensão possível da realidade da cidade, oferecida por uma análise fenomenológica da própria cidade" (LIBANIO, 2001, p. 20). E daí pode resultar uma pastoral de pés no chão e cabeça bem ajustada pela realidade onde se vive.

Quarto princípio: o todo é superior à parte

Já se profetizou a urgência do pensar global e do agir local, o que é profundamente útil para a pastoral urbana. Cada bairro de nossas grandes cidades nos dá a sensação de totalidade, oferecendo-nos todos os serviços que precisamos. Inúmeras pessoas desconhecem os antigos centros das megalópoles, vivendo a totalidade de sua vida nos bairros onde residem. A vida também pode se tornar miúda, repetitiva, monótona. Morador há muitos anos de bairros periféricos de São Paulo e de Belo Horizonte, sou testemunha de quanto o povo busca reproduzir em seu cotidiano um pouco do que cada um trouxe do interior, da roça, do campo. Vive-se enclausurado nos limites do bairro, quase que se esquecendo da dimensão mais ampla da cidade. Os que saem, fazem-no de maneira compulsória devido ao trabalho e ao estudo. A cidade assusta e amedronta parte significativa da população que acaba optando por viver nos limites do bairro onde reside. Apesar da falta de lazer e de outras facilidades prazerosas, os bairros acabam suprindo as necessidades mais básicas dos seus moradores. Por um lado, esse ambiente pode favorecer os laços de vizinhança e familiares; por outro, os limites físicos podem explicar a gritante falta de capacidade de intelecção dos processos mais complexos, mais globais.

O contato com a realidade mais ampla, com novas situações, pode provocar novos e ricos processos, abrindo brechas para novas hermenêuticas. A pastoral pode encontrar aí a chance de renovação de seus métodos, de suas intervenções na realidade. Reproduzir a roça nos bairros da cidade pode induzir as paróquias à pastoral repetitiva, pouco criativa e à estagnação evangelizadora. Levar em conta o todo urbano pode abrir as pistas para uma ação local mais articulada com a totalidade dos recursos que uma grande cidade oferece. Afinal de contas, o povo vem para as cidades grandes exatamente atraído por essas facilidades. Seria insano insistir em soluções meramente caseiras, frente à gama de oportunidades que se tem em uma grande cidade.

O "modelo poliedro" apresentado pelo Papa Francisco

Esse todo aberto à parte é simbolizado pelo Papa Francisco em uma figura geométrica que evita os esquemas de superposição e se abre à pluralidade, respeitando as características individuais e as articulando em um todo dinâmico e aberto às diferenças.

"O modelo é o poliedro, que reflete a confluência de todas as partes que nele mantêm sua originalidade. Tanto a ação pastoral como a ação política procuram reunir nesse poliedro o melhor de cada uma. Ali entram os pobres com a sua cultura, os seus projetos e as suas próprias potencialidades. Até mesmo as pessoas que possam ser criticadas pelos seus erros têm algo a oferecer que não se deve perder. É a união dos povos, que, na ordem universal, conservam a sua própria peculiaridade; é a totalidade das pessoas em uma sociedade que procura um bem comum que verdadeiramente incorpore a todos" (*EG* 236).

Enfim, creio que esses quatro princípios bem articulados na pastoral urbana poderão nos ajudar a organizar a ação evangelizadora, levando em conta tempo e espaço, unidade e conflito, realidade e ideia, o todo e a parte. As chances para que o Evangelho se encarne no cimento das cidades também se multiplicam nessa perspectiva.

4 Uma pastoral com rosto urbano

São múltiplas as possibilidades para a pastoral ter realmente um rosto urbano. Algumas iniciativas bem-sucedidas já vêm acontecendo. Afinal de contas, a Igreja Católica passou por diversas fases históricas e soube encontrar caminhos novos de evangelização. O que não se pode é dirigir o carro da história meramente com os olhos voltados para o retrovisor. Voltar ao passado, ainda que seja em defesa de uma certa tradição, é negar o dinamismo da encarnação do Verbo, que é sempre atual, com um potencial evangelizador inesgotável.

Enquanto há desafios pela frente é sinal que a vida segue e nos revela que somos seres capazes de mutações constantes. A avalanche de movimentos e associações católicas conservadoras e retrógradas faz emergir um lado medroso da instituição, que acaba negando a força inexaurível da fé. Como Paulo, precisamos dizer com coragem: "esquecendo-me do que fica para trás e avançando para o que está adiante, corro em direção à meta, em vista do prêmio ao chamado do alto, prêmio que vem de Deus em Cristo Jesus" (Fl 3,13b-14).

Força e coragem se transformam em um binômio fundamental para quem quer recriar o processo de evangelização na cidade. Estar aberto às novas expressões e realizações humanas no mundo urbano se torna um imperativo sem o qual não se supera aquela atitude passiva de ficar sentado aguardando as demandas que o povo apresenta. Como diz o Papa Francisco, é preciso "primeirear", ir adiante, ter iniciativa, sair em busca de quem está vivenciando novas formas de vida, sobretudo em um mundo que se torna cada vez mais urbano. Propor a fé é a palavra de ordem para quem respeita a liberdade dos outros. É preciso passar da fase da transmissão da fé para uma atitude mais propositiva, e propor é já tomar iniciativa.

Gostaria de terminar este capítulo sobre uma pastoral com rosto urbano, onde se buscou pistas para uma Igreja encarnada na cidade, com um estilo de Igreja adequado à realidade urbana, com atenção especial à linguagem e às práticas pastorais que se adiantam às novas demandas da cidade, sintetizando uma experiência concreta. Trata-se da organização pastoral de uma paróquia de periferia na região metropolitana de Belo Horizonte, que é verdadeiramente uma ilha católica cercada de cristãos de denominações neopentecostais por todos os lados. Seguramente, no bairro em questão, denominado Nova Cintra, os católicos já não significam a sua maioria. A paróquia, mesmo tendo a prática sacramental de rotina católica, não tem suas atividades pastorais totalmente centradas nos sacramentos. O número de crianças e de jovens para a catequese de iniciação cristã é pequeno. O sacramento mais forte é o da celebração eucarística, também com uma presença marcadamente de pessoas de idade já bem avançada. Percebendo as demandas do bairro, a comunidade paroquial começou a investir em atendimentos de toda a ordem, extrapolando a questão meramente religiosa e denominacional. Profissionais de diversas áreas começaram a se aproximar da comunidade paroquial, em torno de uma pastoral da saúde de concepção bem ampla: psicólogos, advogados, terapeutas de medicina natural, especialistas na prática do reiki, cura prânica, Mãos sem Fronteiras, fisioterapias individuais e coletivas para todas as idades; judô e jiu-jitsu para crianças e jovens, atendimentos articulados com o posto de saúde do bairro, tais como a fonoaudiologia, e outras iniciativas. Tudo isso foi sendo implantado, reunindo católicos e evangélicos, pessoas das diversas idades e orientações na vida, fazendo com que a comunidade paroquial se transformasse em um ponto de referência para o bairro todo. A proposta da fé emerge em todas as atividades, respeitando a liberdade de escolha de todos. E tudo isso em um ambiente paroquial mesclado com práticas religiosas tradicionais, dentre as quais se sobressai o grande congraçamento das guardas de congado, fazendo emergir a reflexão sobre a discriminação da população afro, que é muito significativa no bairro. Essa reunião dos congadeiros transcende a questão da fé católica, pois os seus membros vêm de diversas experiências religiosas, sobretudo as mais identificadas com as expressões de fé do mundo afro.

 E a comunidade paroquial ainda reúne inúmeros agentes de pastoral que cuidam da assistência humana e espiritual do cemitério local, do presídio próximo, dos inúmeros becos e vielas que constituem o bairro onde ela está edificada e onde vivem os pobres e assalariados, com demandas que vão desde os problemas de fome e de inadimplência em relação aos serviços básicos de luz e de água até os mais complexos de depressão por falta de sentido na vida. Trata-se de uma paróquia de periferia que se caracteriza pela ausência dos novos movimentos espirituais e neopentecostais, presentes em todas as comunidades paroquiais vizinhas. Vida sacramental simples, centrada na Eucaristia, serviços diversos na área social e forte presença de tradições religiosas afro caracterizam bem a comunidade. Tudo isso permeado pela constante reflexão da Palavra de Deus, por meio de grupos variados, que se reúnem nas casas, iluminando os caminhos de evangelização escolhidos para propor a fé em um bairro pobre e periférico de Belo Horizonte.

Referências

CNBB. *Diretrizes gerais da ação evangelizadora da Igreja no Brasil 2019-2023*. Brasília: CNBB, 2019.

FRANCISCO. *Exortação apostólica* Evangelii Gaudium. São Paulo: Paulinas, 2013.

LIBANIO, J.B. *As lógicas da cidade*: O impacto sobre a fé e sob o impacto da fé. São Paulo: Loyola, 2001.

NOLAN, A. *Esperança em tempos de desespero*: outras palestras e escritos. São Paulo: Paulus, 2012 [ed. S. Muyebe; trad. E.L. Calloni].

10
Refazer o tecido social e eclesial

*Benedito Ferraro**

As Comunidades Eclesiais de Base surgiram na conjuntura da sociedade contemporânea que produziu uma atomização da existência, um anonimato geral das pessoas e uma fragmentação em praticamente todos os níveis da convivência humana, devido aos desafios vindos de uma sociedade globalizada e urbanizada onde a vivência comunitária parecia não ter mais espaço para existir. Como reação a esse fenômeno, há uma tendência de se retomar as relações primárias entre as pessoas e buscar relacionamentos de reciprocidade. As Comunidades Eclesiais de Base, as pastorais sociais e os movimentos sociais populares representam essa reação dentro das Igrejas e da sociedade atual. Essa dinâmica se orienta pela opção evangélica e preferencial pelos pobres que continua sendo a pedra de toque da Igreja latino-americana e caribenha: "A opção pelos pobres é uma das características que marca o rosto da Igreja latino-americana e caribenha" (*DAp* 391). Essa opção tem raízes implícitas no Concílio Vaticano II, especialmente a partir da *Gaudium et Spes*, que afirma:

> Cresce [...] a consciência da dignidade exímia da pessoa humana, superior a todas as coisas. Seus direitos e deveres são universais e invioláveis. É preciso, portanto, que se tornem acessíveis ao homem todas aquelas coisas que lhe são necessárias para levar uma vida verdadeiramen-

---

* Assessor da Pastoral Operária de Campinas, presbítero colaborador nas CEBs da Paróquia Nossa Senhora Auxílio da Humanidade – Arquidiocese de Campinas, presidente do Ceseep, assessor da articulação continental das CEBs.

te humana. Tais são: alimento, roupa, habitação, direito de escolher livremente o estado de vida e de constituir família, direito à educação, ao trabalho, à boa fama, ao respeito à conveniente informação, direito de agir segundo a norma reta de sua consciência, direito à proteção da vida particular e à justa liberdade, também em matéria religiosa. Portanto, a ordem social e o seu progresso devem ordenar-se incessantemente ao bem das pessoas, pois a organização das coisas deve subordinar-se à ordem das pessoas e não ao contrário. O próprio Senhor o insinua ao dizer que o sábado foi feito para o homem [ser humano] e não o homem [ser humano] para o sábado [Mc 2,27]. Essa ordem deve desenvolver-se sem cessar, ter por base a verdade, construir-se sobre a justiça, ser animada pelo amor e encontrar na liberdade um equilíbrio sempre mais humano. Para se cumprirem tais exigências, devem-se introduzir uma reforma de mentalidade e amplas mudanças sociais (*GS* 26).

O Papa Francisco, em seu discurso no II Encontro Mundial dos Movimentos Populares, apresenta um farol na busca dessa utopia da vida plena para todas as pessoas, recordando a palavra de Jesus no Evangelho de João: "Eu vim para que todos e todas tenham vida e tenham vida em abundância" (Jo 10,10):

> O futuro da humanidade não está unicamente nas mãos dos grandes dirigentes, das grandes potências e das elites. Está fundamentalmente nas mãos dos povos; na sua capacidade de se organizarem e também em suas mãos que regem, com humildade e convicção, esse processo de mudança. Estou convosco. E cada um, repitamos a nós mesmos do fundo do coração: nenhuma família sem teto, nenhum camponês sem terra, nenhum trabalhador/a sem direitos, nenhum povo sem soberania, nenhuma pessoa sem dignidade, nenhuma criança sem infância, nenhum jovem sem possibilidades, nenhum idoso sem uma veneranda velhice. Continuai com a vossa luta e, por favor, cuidai bem da Mãe Terra.

Para que as comunidades cristãs possam dar sua contribuição na reconstrução do tecido social e eclesial é fundamental que os cristãos e cristãs se tornem sujeitos sociais e sujeitos eclesiais. Esse caminho indica a necessidade da cidadania social e da cidadania eclesial, retomando a vivência da sinodalidade na Igreja e assumindo a defesa dos direitos dos pobres e da Casa Comum na sociedade.

1 Globalização da indiferença e do descarte *versus* cultura da solidariedade e do encontro

A sociedade atual vive uma transformação histórica que se caracteriza por grandes mudanças que afetam profundamente a vida das pessoas. Afirma-se que não vivemos apenas uma época de mudanças, mas uma mudança de época (*DAp* 44) com um alcance global e que afeta o mundo inteiro:

> O individualismo pós-moderno e globalizado favorece um estilo de vida que debilita o desenvolvimento e a estabilidade dos vínculos entre as pessoas e distorce os vínculos familiares. A ação pastoral deve mostrar ainda melhor que a relação com o nosso Pai exige e incentiva uma comunhão que cura, promove e fortalece os vínculos interpessoais. Enquanto no mundo, especialmente em alguns países, se reacendem várias formas de guerras e conflitos, nós, cristãos, insistimos na proposta de reconhecer o outro, de curar as feridas, de construir pontes, de estreitar laços e de nos ajudarmos "a carregar as cargas uns dos outros" [Gl 6,2]. Além disso, vemos hoje surgir muitas formas de agregação para a defesa de direitos e a consecução de nobres objetivos. Desse modo, manifesta-se uma sede de participação de numerosos cidadãos, que querem ser construtores do desenvolvimento social e cultural (*EG* 67).

É nesse contexto de individualismo exacerbado que encontramos a globalização da indiferença:

> Para se poder apoiar um estilo de vida que exclui os outros ou mesmo entusiasmar-se com esse ideal egoísta, desenvolveu-se uma globalização da indiferença. Quase sem nos dar conta, tornamo-nos incapazes de nos compadecer ao ouvir os clamores alheios, já não choramos à vista do drama dos outros, nem nos interessamos por cuidar deles, como se tudo fosse uma responsabilidade de outrem, que

não nos incumbe. A cultura do bem-estar anestesia-nos, a ponto de perdermos a serenidade se o mercado oferece algo que ainda não compramos, enquanto todas essas vidas ceifadas por falta de possibilidades nos parecem um mero espetáculo que não nos incomoda de forma alguma (*EG* 54).

Essa indiferença, que leva ao "ensimesmamento insolidário", nos ajuda compreender o que o Papa Francisco chama de cultura do "descartável":

> Não se pode tolerar mais o fato de se lançar comida no lixo, quando há pessoas que passam fome. Isso é desigualdade social. Hoje, tudo entra no jogo da competitividade e da lei do mais forte, onde o poderoso engole o mais fraco. Em consequência dessa situação, grandes massas da população veem-se excluídas e marginalizadas: sem trabalho, sem perspectivas, em um beco sem saída. O ser humano é considerado, em si mesmo, como um bem de consumo que se pode usar e depois jogar fora. Assim teve início a cultura do "descartável", que aliás chega a ser promovida. Já não se trata simplesmente do fenômeno de exploração e opressão, mas de uma realidade nova: com a exclusão, fere-se, na própria raiz, a pertença à sociedade onde se vive, pois quem vive nas favelas, na periferia ou sem poder já não está nela, mas fora. Os excluídos não são "explorados", mas resíduos, "sobras" (*EG* 53).

Esse quadro de exclusão e de desigualdade desemboca no aumento da violência que, se não houver políticas públicas adequadas, não se conseguirá romper a espiral da violência, revelando a injustiça do sistema atual:

> Mas, enquanto não se eliminar a exclusão e a desigualdade dentro da sociedade e entre os vários povos será impossível desarreigar a violência... Quando a sociedade – local, nacional ou mundial – abandona na periferia uma parte de si mesma, não há programas políticos, nem forças da ordem ou serviços secretos, que possam garantir indefinidamente a tranquilidade. Isso não acontece apenas porque a desigualdade social provoca a reação violenta de quantos são excluídos do sistema, mas porque o sistema social e econô-

mico é injusto na sua raiz... Se cada ação tem consequências, um mal embrenhado nas estruturas de uma sociedade sempre contém um potencial de dissolução e de morte. É o mal cristalizado nas estruturas sociais injustas, a partir do qual não podemos esperar um futuro melhor (*EG* 59).

Frente a esse contexto que pode ser caracterizado como um sistema de morte e de negação da dignidade da pessoa humana, há o contraponto da cultura do encontro e da solidariedade, vivência que encontramos nas Comunidades Eclesiais de Base e nos movimentos sociais populares. A pergunta que nos fazemos hoje é: Como viver em comunidade em uma sociedade globalizada e urbanizada?

As Comunidades Eclesiais de Base buscam valorizar as experiências de sociabilidade básica: Voltar aos relacionamentos primários. Levar em consideração a territorialidade. Entrar

> em relações fundadas na gratuidade que se expressa na dinâmica de oferecer-receber-retribuir. O cultivo da reciprocidade tem como espaço primeiro aquele onde a vizinhança territorial é importante para a vida cotidiana, como em áreas rurais, bairros de periferia e favelas. É a solidariedade entre vizinhos – melhor dizendo, entre vizinhas – que assegura o cuidado com crianças, idosos e doentes, por exemplo... São as relações de reciprocidade que, promovendo a solidariedade, que é a força dos pobres e pequenos, permitem que se diga que "gente simples, fazendo coisas pequenas, em lugares pouco importantes, consegue mudanças extraordinárias" (CNBB, 2010, p. 8).

Os movimentos sociais populares possuem uma força aglutinadora e unificadora mesmo conservando as diferenças culturais. Há uma convergência nos pontos comuns, de tal modo que se possa construir comunhão mesmo com a diversidade. Assim se expressa o Papa Francisco:

> Sei que entre vocês há pessoas de distintas religiões, ofícios, ideias, culturas, países, continentes. Hoje, estão praticando aqui a cultura do encontro, tão diferente da xenofobia, da discriminação e da intolerância que vemos tantas vezes. Entre os excluídos, dá-se esse encontro de culturas

em que o conjunto não anula a particularidade (FRANCISCO, 2014).

Partindo da verificação da *desigualdade planetária* (*LS* 48-52), o Papa Francisco mostra que "essas situações provocam gemidos da irmã terra, que se unem aos gemidos dos abandonados do mundo, com um lamento que reclama de nós outro rumo" (*LS* 53). É nesse contexto que o Papa Francisco insiste no princípio do bem comum:

> Nas condições atuais da sociedade mundial, onde há tantas desigualdades e são cada vez mais numerosas as pessoas descartadas, privadas dos direitos humanos fundamentais, o princípio do bem comum torna-se imediatamente, como consequência lógica e inevitável, um apelo à solidariedade e uma opção preferencial pelos mais pobres. [...] Basta observar a realidade para compreender que, hoje, essa opção é uma exigência ética fundamental para a efetiva realização do bem comum (*LS* 158).

2 A comunidade eclesial como espaço de encontro e acolhida e como sujeito da evangelização

Em uma sociedade globalizada e urbanizada há um ambiente propício ao anonimato das pessoas, com a perda das relações primárias. Corre-se também o risco da homogeneidade cultural dominada por padrões que se impõem pela uniformização de comportamentos. A comunidade eclesial pode se apresentar como o lugar do encontro e da acolhida na medida em que as pessoas são conhecidas pelo nome, podem dizer sua palavra. Essa experiência ocorre onde há uma rede de comunidades que se articulam em um movimento de comunhão e autonomia. O documento da CNBB, *Comunidade de comunidades: uma nova paróquia*, aponta para a vivência dessa comunhão com autonomia ou autonomia com comunhão entre as comunidades eclesiais em uma rede de comunidades. A vivência dessa comunhão com autonomia das comunidades eclesiais, de modo especial as Comunidades Eclesiais de Base presentes na Igreja do Brasil desde 1957, contempladas na *Lumen Gentium* (*LG* 26), batizadas pela Conferência de Medellín (1968), presentes na *Evangelii Nuntiandi* (1975) de

Paulo VI (*EN* 58), confirmadas pela Conferência de Puebla (1979), presentes na Conferência de Santo Domingo (1992), reafirmadas pela Conferência de Aparecida (2007), presentes na *Evangelii Gaudium* (cf. *EG* 29), apresentadas como "um dom de Deus para as Igrejas locais da Amazônia" (SÍNODO DOS BISPOS, 2019, n. 36) e também as pequenas comunidades eclesiais missionárias, indicadas nas *Diretrizes gerais da ação evangelizadora da Igreja no Brasil 2019-2023* "oferecem um ambiente humano de proximidade e confiança que favorece a partilha de experiências, a ajuda mútua e a inserção concreta nas mais variadas situações. O importante é que elas não estejam isoladas e os ministérios, principalmente os de coordenação, com boa formação, ajudem-nas a se manterem em comunhão com a Igreja particular" (*DGAE* 34).

Se houver a vivência dessa comunhão com autonomia entre as comunidades eclesiais, daremos um passo na direção da superação do clericalismo em nossa Igreja. Essa vivência comunitária abre o caminho de novos ministérios, principalmente em regiões onde o atendimento dos presbíteros é extremamente precário. No *Documento final do Sínodo para a Amazônia* há este apelo nas múltiplas consultas feitas em todo o território amazônico, reconhecendo o papel fundamental das mulheres religiosas e leigas em seu trabalho nas comunidades: "Por causa desse alto número de consultas, solicitou-se o diaconato permanente para a mulher. Por essa razão, o tema esteve também muito presente no Sínodo" (SÍNODO DOS BISPOS, 2019, n. 103). A exigência de novos ministérios que contemplem as mulheres já esteve presente no X Encontro Intereclesial das CEBs (Ilhéus, 2000), em cuja Carta Final se lia:

> A igualdade em todas as suas dimensões, com vida abundante, com justiça e paz, sem discriminação de classe e de gênero ou de etnia e com plena valorização da pessoa foi apresentada como o grande sonho a ser realizado. Sonhamos com uma Igreja participativa, toda ministerial, unida no respeito à diversidade, missionária. Uma Igreja mãe, acolhedora, pobre, comprometida com a causa dos excluídos e aberta aos novos desafios. As CEBs sentem profundamente estarem quase sempre privadas em suas celebrações

dominicais e pedem que a Igreja repense urgentemente a questão ministerial. Sonham ainda com uma Igreja onde o poder seja partilhado, com espaço para a participação da mulher nas várias instâncias de serviços e decisões.

Esse mesmo apelo também estava na contribuição da CNBB para a Conferência de Aparecida:

> No mundo de hoje, cada vez mais as mulheres vêm tomando consciência de sua dignidade e exigindo igualdade no trato e nas oportunidades. A Igreja não pode ficar insensível a esse novo sinal dos tempos, também em nível interno, pois, nela, são os homens os mais privilegiados, que normalmente tomam as decisões. As tendências conservadoras, que rejeitam o pensamento e a participação das mulheres em tarefas de direção e coordenação eclesial, inclusive nas CEBs, não podem inibir a Igreja a gestos proféticos. O acesso das mulheres ao ministério ordenado é uma dívida pendente (Síntese da CNBB para a Conferência de Aparecida).

O Papa Francisco reconhece o trabalho das mulheres na sustentação das comunidades, afirmando que

> na Amazônia, há comunidades que se mantiveram e transmitiram a fé durante longo tempo, mesmo decênios, sem que algum sacerdote passasse por lá. Isso foi possível graças à presença de mulheres fortes e generosas, que batizaram, catequizaram, ensinaram a rezar, foram missionárias, certamente chamadas e impelidas pelo Espírito Santo. Durante séculos, as mulheres mantiveram a Igreja de pé nesses lugares com admirável dedicação e fé ardente. No sínodo, elas mesmas nos comoveram a todos com o seu testemunho (*QAm* 99).

Entretanto ele alerta para o perigo da clericalização das mulheres (*QAm* 100) se não houver uma nova compreensão do papel das mulheres em um novo modelo eclesial. Esse horizonte permanece aberto a partir da pergunta presente na exortação apostólica:

> A inculturação deve desenvolver-se e espelhar-se também em uma forma encarnada de realizar a organização eclesial

e o ministério. Se se incultura a espiritualidade, se se incultura a santidade, se se incultura o próprio Evangelho, será possível evitar pensar em uma inculturação do modo como se estruturam e vivem os ministérios eclesiais? (*QAm* 85).

O processo da evangelização passa pela aproximação de cristãos e cristãs com os problemas reais enfrentados pelas comunidades em seus territórios. A *Evangelii Nuntiandi* indica que, entre evangelização e libertação, há laços de ordem antropológica, laços de ordem teológica e laços de ordem eminentemente evangélica, de tal modo que "é impossível aceitar que a obra da evangelização possa ou deva negligenciar os problemas extremamente graves, agitados sobremaneira hoje em dia, pelo que se refere à justiça, à libertação, ao desenvolvimento e à paz no mundo. Se isso porventura ocorresse, seria ignorar a doutrina do Evangelho sobre o amor para com o próximo que sofre ou se encontra em necessidade" (*EN* 31). Esse é o sentido de uma Igreja em saída (cf. *EG* 20, 49) e que está presente nas *Diretrizes gerais da ação evangelizadora da Igreja no Brasil 2019-2023*:

> A Igreja, sacramento universal de salvação, anuncia sempre o mesmo Evangelho. Nessa missão, ela é chamada a acolher, contemplar, discernir e iluminar com a Palavra de Deus a complexa gama de elementos culturais (econômicos), sociais, políticos e éticos que constituem a realidade à qual é enviada. Só a partir desse diálogo com a realidade, em constante mutação, ela será capaz de fazer com que o Evangelho chegue aos corações das pessoas, às estruturas e às diversas culturas (*DGAE* 42).

Essa missão toca diretamente a vida dos leigos e leigas que estão inseridos nas mais diferentes realidades e dimensões da vida. Sua ação no mundo fará a aproximação entre evangelização, libertação e inculturação. Na medida em que estão inseridos nas mais diferentes relações sociais, impulsionados/as pela partilha do pão da Palavra, do Pão da Vida e do pão da amizade, contribuirão para a superação do clericalismo que busca manter a Igreja em uma atitude autorreferencial (cf. *EG* 45).

3 A Comunidade Eclesial de Base como célula inicial da estruturação

As CEBs são uma experiência eclesial originária da América Latina e do Caribe. Elas nascem sob o impulso e graça do Espírito Santo, como se compreendeu no *I Encontro Intereclesial das CEBs*, ocorrido em Vitória, Espírito Santo, em 1975:

> CEBs, Igreja que nasce do povo pelo Espírito de Deus. Medellín as reconhece como "primeiro e fundamental núcleo eclesial, que deve, em seu próprio nível, responsabilizar-se pela riqueza e expansão da fé, como também pelo culto que é sua expressão. É ela, portanto, célula inicial de estruturação eclesial e foco de evangelização e atualmente fator primordial de promoção humana e desenvolvimento (*Med* 15.10; cf. *DP* 96).

As CEBs são a instância eclesial primeira e entram na grande tradição que se inicia com a primeira geração cristã como modo revelado de a Igreja ser (cf. 1Ts 1,5). São sua expressão *originante* (At 2,42-47; 4,32-35). A CNBB, no documento *Comunidades Eclesiais de Base na Igreja do Brasil*, afirma que

> fenômeno estritamente eclesial, as CEBs em nosso país nasceram no seio da Igreja-instituição e tornaram-se "um novo modo de ser Igreja". Pode-se afirmar que é ao redor delas que se desenvolve, e se desenvolverá cada vez mais, no futuro, a ação pastoral e evangelizadora da Igreja (CNBB, 1982, n. 25,3).

Nessa perspectiva, as CEBs apontam para um modelo eclesial participativo, sinodal, colegial, comunitário, ministerial próprio da Igreja Povo de Deus que se alicerça na igualdade fundamental expressa na *LG* 32: "Não há, em Cristo e na Igreja, nenhuma desigualdade" (cf. Gl 3,28; Cl 3,11). Essa igualdade fundamental se apoia na fé e no Batismo, na esperança e na Crisma, na caridade e na Eucaristia. Esse modelo eclesial é suscitado pela ação do Espírito Santo (1Cor 12,3). É a participação de todos no mesmo Espírito que gera a comunhão (2Cor 13,13). As CEBs se sentem Igreja no pequeno, em semente, embrião, não como uma parte, mas um todo. Configuram-se em um nível menor do que a paróquia, exercendo uma subsidiariedade pastoral, chegando onde a instituição paroquial não consegue chegar:

> As pequenas comunidades eclesiais missionárias[5] que se formam em ruas, condomínios, aglomerados, edifícios, unidades habitacionais, bairros populares, povoados, aldeias e grupos por afinidades, devem se configurar como uma verdadeira rede, em comunhão com a Igreja local [*DAp* 179]. São compostas por pessoas que se reúnem, movidas pela fé em Jesus Cristo para a escuta da Palavra, buscando luzes para viver a fé cristã em uma sociedade de contrastes [*DGAE* 2015-2019, n. 57; *DAp* 170ss., 278d]. Vencem o anonimato e a solidão, promovem a mútua ajuda e se abrem para a sociedade e para o cuidado da Casa Comum (*DGAE* 84).

A vivência de uma rede de comunidades dentro de uma Igreja particular no exercício da missão supõe a sinodalidade:

> A missão exige a habilidade de percorrer um caminho sinodal, que é precisamente o caminho que Deus espera da Igreja do terceiro milênio. A sinodalidade significa o comprometimento e a participação de todo o Povo de Deus na vida e na missão da Igreja, uma vez que todos, portanto, são corresponsáveis pela vida e pela missão da comunidade e todos são chamados a operar segundo a lei da mútua solidariedade no respeito dos específicos ministérios e carismas, enquanto cada um desses obtém a sua energia do único Senhor [1Cor 15,45] (*DGAE* 39).

Medellín assume a colegialidade vinda do Vaticano II, mas procura ampliar sua compreensão incorporando-a na perspectiva mais abrangente da sinodalidade:

> Seu fundamento está na comunhão eclesial (*communio fidelium*), que abre a possibilidade de vê-la realizada em diversos âmbitos da Igreja, ultrapassando a noção conciliar de colegialidade episcopal. A sinodalidade diz respeito a

---

5. Aqui, as CEBs deveriam ser mencionadas, primeiramente, pelo fato de que, durante mais de 60 anos, foram elas que estiveram e estão presentes nas periferias das grandes cidades e no campo! Em segundo lugar, porque o número citado no *Documento de Aparecida* fala explicitamente das CEBs!

> todas as relações da Igreja, papa e bispos, bispos e bispos, bispos e sacerdotes, bispos e fiéis, sacerdotes e sacerdotes, sacerdotes e fiéis e ainda fiéis e fiéis. Todos participam ativa, embora diversamente, porque todos estão sob a ação do Espírito Santo, dotados do "sentido da fé", que elimina a distinção entre Igreja docente e discente por estar presente em ambas (FRANÇA MIRANDA, 2017, p. 267-269).

A vivência dessa rede de comunidades em uma Igreja particular supõe a relação entre comunhão e autonomia, como já explicitamos. Configura-se desse modo uma relação de reciprocidade e igualdade entre as Comunidades Eclesiais de Base (como afirmam as *Diretrizes*, pequenas comunidades eclesiais missionárias), de tal modo que pela autonomia cada comunidade tem a liberdade de se organizar pastoralmente de acordo com suas necessidades e pela comunhão, a autonomia não se converte em independência. Assim pode-se viver a diversidade na unidade, criando um modelo eclesial mais ágil e, ao mesmo tempo, respeitador das diferentes realidades presentes na cidade e no campo.

4 A pastoral social e a Igreja como promotora da consciência cidadã

> Encorajar o laicato a continuar o empenho apostólico, inspirado na Doutrina Social da Igreja, pela transformação da realidade a partir do engajamento consciente em todas as realidades temporais: política partidária, pastorais sociais, mundo da educação, conselhos de direitos, elaboração e acompanhamento de políticas públicas, o cuidado da natureza e todo o planeta, nossa Casa Comum (*DGAE* 179).

Essas indicações mostram a importância de uma Igreja comprometida com as lutas populares em vista da transformação da sociedade. A entrada dos cristãos e cristãs na luta de libertação integral a partir das pastorais sociais ajuda a compreender seu compromisso político e inicia o processo de cidadania nas comunidades, favorecendo a consciência crítica e a consciência cidadã. É um movimento do micro para o macro. Desse modo, assumir a pastoral da saúde abre a possibilidade de participação nos conselhos de saúde local, municipal, estadual. Participar da Comissão Pastoral da Terra abre caminho de participação no Movimento dos Sem Terra, a luta pela reforma agrária. Da Pastoral Operária compreende-se a importância dos sindicatos e das centrais sindicais. Da pastoral de fé e política, fé e cidadania, fé e ética, abre-se o horizonte de participação nos partidos políticos articulados com as lutas da classe trabalhadora e que tenham como perspectiva a ótica do trabalho e a primazia do trabalho sobre o capital (cf. *LE* 12). Ao participar do Conselho Indigenista Missionário, abre-se caminho para a defesa dos povos indígenas e a demarcação de suas terras. Da Pastoral Afro, compreende-se a luta dos quilombolas e a importância do diálogo intercultural. Participando da Pastoral Carcerária, há a possibilidade de participação no Movimento Nacional de Direitos Humanos, Anistia Internacional e de se relacionar com o Ministério Público. Da Pastoral da Mulher Marginalizada, entra-se no movimento da mulher, tem-se abertura para a Marcha Mundial das Mulheres. Ao participar da Pastoral da Criança, vislumbra-se a participação nos conselhos da criança e do adolescente e no conselho tutelar. Há também cristãos e cristãs que participam da Semana Social Brasileira, do Grito dos Excluídos, incentivado pela própria CNBB. Há também cristãos e cristãs que estão nas CEBs e participam das Romarias da Terra e das Águas e Romarias dos trabalhadores. Esse processo é um verdadeiro laboratório de aprendizado da cidadania e defesa dos direitos humanos e dos direitos da Terra.

As Comunidades Eclesiais de Base utilizam o método ver-julgar--agir advindo da Ação Católica e referendado por João XXIII (*MM* 235-236) e fazem a ligação fé e vida sempre a partir da opção pelos pobres, gerando uma nova experiência de vivência da fé, um novo modelo eclesial e uma nova forma de fazer teologia. Gustavo Gutiérrez relata de forma magistral essa articulação entre a inserção de cristãos e cristãs na luta de libertação dos pobres e excluídos e esse novo modo de viver, transmitir e celebrar a fé:

> A inserção nas lutas populares pela libertação tem sido – e é – o início de um novo modo de viver, transmitir e celebrar a fé para muitos cristãos da América Latina. Provenham eles das próprias camadas populares ou de outros setores

sociais, em ambos os casos observa-se – embora com rupturas e por caminhos diferentes – uma consciente e clara identificação com os interesses e combates dos oprimidos do continente. Esse é o fato maior da comunidade cristã da América Latina nos últimos anos. Esse fato tem sido e continua sendo a matriz do esforço de esclarecimento teológico que levou à Teologia da Libertação (GUTIÉRREZ, 1981, p. 245).

A ligação entre fé e vida, incluindo nessa ligação a relação da fé com a economia, a política, a cultura e a ecologia, indica que o horizonte da libertação se amplia enormemente, exigindo uma libertação econômica, política, cultural, pedagógica, erótico-sexual, ecológica e revela também a ligação entre evangelização e libertação já presente no Vaticano II: "Trabalhem os cristãos e cristãs e colaborem com todos os outros para estruturar com justiça a vida econômica e social" (*AG* 12; cf. 21; cf. *EN* 29-31). A participação nas mais diferentes lutas acarreta muitas perseguições entre os pobres e entre aqueles e aquelas que, por livre-opção, mesmo sendo de outras classes sociais, assumem o lado dos pobres e excluídos. Por isso, em toda a América Latina e no Caribe, encontramos mártires que, como Jesus de Nazaré, enfrentam a perseguição e chegam até o extremo do derramamento do sangue. São trabalhadores e trabalhadoras do campo e da cidade, indígenas, negros e negras, advogados e advogadas, religiosas e religiosos, padres, bispos. Muitos desses mártires são saídos das CEBs e expressam a dimensão profética das Igrejas.

Atualmente, os grandes conflitos e enfrentamentos, que geram perseguição, encontram-se relacionados com as necessidades básicas das pessoas (teto, terra, trabalho), com a defesa dos direitos humanos e com a preservação da Casa Comum, buscando sempre a transformação da realidade a partir dos movimentos populares. São os movimentos sociais populares que buscam reconstruir o tecido social esgarçado pela injustiça que gera a desigualdade social. Sua luta, como observa o Papa Francisco no *I Encontro Mundial de Movimentos Populares*,

> é pensar e agir em termos de comunidade, de prioridade de vida de todos sobre a apropriação dos bens por parte

de alguns. Também é lutar contra as causas estruturais da pobreza, a desigualdade, a falta de trabalho, de terra e de moradia, a negação dos direitos sociais e trabalhistas. É enfrentar os destrutivos efeitos do império do dinheiro: os deslocamentos forçados, as migrações dolorosas, o tráfico de pessoas, a droga, a guerra, a violência e todas essas realidades que muitos de vocês sofrem e que todos somos chamados a transformar. A solidariedade, entendida em seu sentido mais profundo, é um modo de fazer história, e é isso que os movimentos populares fazem.

Fazer história significa dizer que os movimentos populares são protagonistas e como tais realizam ações econômicas, políticas, sociais, culturais e ecológicas, apontando para um futuro que se constrói a partir do presente. Essa construção da história demanda uma base social e uma ação de longo prazo, um anseio concreto, que possa reacender, animar e fortalecer a utopia que move a história.

A importância dos movimentos sociais com a participação dos leigos e leigas, cristãos e cristãs, junto com as pessoas de outras religiões e as que lutam pela justiça a partir de suas convicções humanísticas, nos mais diferentes campos da atividade humana, se revela em toda sua profundidade, quando os povos se movimentam na perspectiva de sua libertação integral. Isso é causa de alegria e esperança:

> Como é lindo, ao contrário, quando vemos em movimento os Povos, sobretudo os seus membros mais pobres e os jovens. Então, sim, se sente o vento da promessa que aviva a esperança de um mundo melhor. Que esse vento se transforme em vendaval de esperança. Esse é o meu desejo. Esse encontro nosso responde a um anseio muito concreto, algo que qualquer pai, qualquer mãe quer para os seus filhos; um anseio que deveria estar ao alcance de todos, mas que hoje vemos com tristeza cada vez mais longe da maioria: terra, teto e trabalho. É estranho, mas, se eu falo disso para alguns, significa que o papa é comunista. Não se entende que o amor pelos pobres está no centro do Evangelho. Terra, teto e trabalho – isso pelo qual vocês lutam – são direitos sagrados (FRANCISCO, 2014).

As *Diretrizes* (cf. n. 163) afirmam que as Comunidades Eclesiais de Base e as pequenas comunidades eclesiais missionárias são chamadas a estarem junto daqueles e daquelas que vivem nas periferias sociais, existenciais, geográficas e eclesiais e devem

> ser a voz dos que clamam por vida digna. A comunidade, Casa da Caridade a serviço da vida, não pode abdicar dessa preocupação e responsabilidade. Terra, trabalho e teto são três palavras-chave, expressão das preocupações centrais do Papa Francisco com a situação dos excluídos do mundo contemporâneo (*DGAE* 184).

As Comunidades Eclesiais de Base e as pequenas comunidades eclesiais missionárias são desafiadas a colaborarem na reconstrução do tecido social e eclesial, participando e apoiando as propostas do Papa Francisco que estão presentes, de modo especial, nos discursos pronunciados nos três encontros com os movimentos populares mundiais, em 2014, 2015 e 2016. Queremos apontar alguns temas que são significativos para a reconstrução do tecido social e eclesial, tendo presente a participação de cristãos e cristãs, leigos e leigas, junto com todas as pessoas de boa vontade e que se engajam na transformação da sociedade e na defesa da nossa Casa Comum.

Necessidade de uma mudança estrutural

Uma análise crítica da realidade à luz da Palavra de Deus, lida, interpretada, meditada, celebrada à luz da opção pelos pobres, nos convence de que necessitamos de uma mudança de estruturas que nenhum país sozinho é capaz de resolver. São estas as perguntas feitas pelo Papa Francisco:

> Reconhecemos nós, de verdade, que as coisas não andam bem em um mundo onde há tantos camponeses sem terra, tantas famílias sem teto, tantos trabalhadores sem direitos, tantas pessoas feridas na sua dignidade? Reconhecemos nós que as coisas não andam bem, quando explodem tantas guerras sem sentido e a violência fratricida se apodera até dos nossos bairros? Reconhecemos nós que as coisas não andam bem, quando o solo, a água, o ar e todos os seres da criação estão sob ameaça constante? Então,

se reconhecemos isso, digamo-lo sem medo: Precisamos e queremos uma mudança (FRANCISCO, 2015).

Uma economia a serviço da vida

A mudança deve acontecer, porque quem está governando o mundo é o dinheiro. É preciso criar uma economia a serviço dos povos do mundo inteiro, acreditando na afirmação de muitos economistas que afirmam que, hoje, há muito mais alimento do que boca para comer:

> Os seres humanos e a natureza não devem estar a serviço do dinheiro. Digamos "não" a uma economia de exclusão e desigualdade, onde o dinheiro reina em vez de servir. Essa economia mata. Essa economia exclui. Essa economia destrói a Mãe Terra (FRANCISCO, 2016).

Cultura do encontro e do diálogo

Vivemos em uma sociedade multicultural, plurirreligiosa e multiétnica. Para uma convivência humana harmoniosa e sadia, somos convidados a superar toda discriminação, xenofobia, intolerância, superioridade e buscar a comunhão na diversidade. Será necessária uma abertura ao multiculturalismo respeitando todas as culturas:

> Sei que entre vocês há pessoas de distintas religiões, ofícios, ideias, culturas, países, continentes. Hoje, estão praticando aqui a cultura do encontro, tão diferente da xenofobia, da discriminação e da intolerância que vemos tantas vezes. Entre os excluídos, dá-se esse encontro de culturas em que o conjunto não anula a particularidade, o conjunto não anula a particularidade... Hoje, vocês também estão buscando essa síntese entre o local e o global. Sei que trabalham dia após dia no próximo, no concreto, no seu território, seu bairro, seu lugar de trabalho: convido-os também a continuarem buscando essa perspectiva mais ampla, que nossos sonhos voem alto e abranjam tudo (FRANCISCO, 2014).

Revitalizar nossas democracias

A participação popular é fundamental para a solução das grandes questões que atingem toda a humanidade e a participação direta do povo na solução dos grandes problemas traz novo vigor para a vivência da democracia além da criatividade e ousadia:

> Os movimentos populares expressam a necessidade urgente de revitalizar as nossas democracias, tantas vezes sequestradas por inúmeros fatores. É impossível imaginar um futuro para a sociedade sem a participação protagônica das grandes maiorias, e esse protagonismo excede os procedimentos lógicos da democracia formal. A perspectiva de um mundo de paz e justiça duradouras nos exige superar o assistencialismo paternalista, nos exige criar novas formas de participação que inclua os movimentos populares e anime as estruturas de governo locais, nacionais e internacionais com essa torrente de energia moral que surge da incorporação dos excluídos na construção do destino comum. E isso com ânimo construtivo, sem ressentimento, com amor (FRANCISCO, 2014).

Defesa da Mãe Terra

> Hoje, não podemos deixar de reconhecer que uma verdadeira abordagem ecológica sempre se torna uma abordagem social, que deve integrar a justiça nos debates sobre o meio ambiente, para ouvir tanto o clamor da terra como o clamor dos pobres (*EG* 49).

Seguindo a orientação da *Laudato Si'*, o Papa Francisco chama a atenção para o cuidado com o planeta, nossa Casa Comum, e sua repercussão na vida dos pobres do mundo inteiro. Quem mais sofre com a devastação da natureza são os pobres:

> Um sistema econômico centrado no deus dinheiro também precisa saquear a natureza, para sustentar o ritmo frenético de consumo que lhe é inerente. As mudanças climáticas, a perda da biodiversidade, o desmatamento já estão mostrando seus efeitos devastadores nos grandes cataclismos que vemos, e os que mais sofrem são vocês,

os humildes, os que vivem perto das encostas em moradias precárias, ou que são tão vulneráveis economicamente que, diante de um desastre natural, perdem tudo (FRANCISCO, 2014).

Retomando a profecia de Isaías (32,17; cf. 65,17-25), o Papa Francisco afirma que a construção da paz, como fruto da justiça, e o cuidado da Casa Comum são trabalho de todas as pessoas de boa vontade:

> É lógico: não pode haver terra, não pode haver teto, não pode haver trabalho se não temos paz e se destruímos o planeta. São temas tão importantes que os povos e suas organizações de base não podem deixar de debater. Não podem deixar só nas mãos dos dirigentes políticos. Todos os povos da terra, todos os homens e mulheres de boa vontade têm que levantar a voz em defesa destes dois dons preciosos: a paz e a natureza (FRANCISCO, 2014).

A modo de conclusão

Refazer. Reformar. Reconstruir. Refundar. Retomar. Revitalizar. Ressignificar... Se tomarmos como parâmetro a reconstrução de uma casa, vamos observar como essa reforma é custosa. O que poderá ser reutilizado? O que pode ser reaproveitado? O que deve ser descartado? São perguntas difíceis de se responder! Transpondo essas perguntas para a sociedade e para a Igreja, tomamos consciência de sua complexidade em relação ao *"refazer o tecido social e eclesial"*! Haverá novas oportunidades que surgirão de novos contextos sócio-históricos, mas também vamos encontrar muitos obstáculos e dificuldades. Podemos, entretanto, parafraseando o Papa Francisco em sua exortação pós-sinodal *Querida Amazônia*, ter alguns sonhos na perspectiva de um novo tecido social e um novo tecido eclesial:

- Sonhar com uma sociedade onde as pessoas sejam tratadas com dignidade e igualdade, reconhecendo as diferenças culturais como cores de um arco-íris luminoso.

- Sonhar com uma sociedade onde se partilhe todos os bens ofertados pela mãe natureza e produzidos pelo ser humano, de tal modo que possamos viver em plena fraternidade e sororidade.
- Sonhar com uma Igreja que assuma a opção pelos pobres, por ser uma opção teológica, cristológica, pneumatológica, mariológica, humanista...
- Sonhar com uma Igreja que respeite a interculturalidade existente na sociedade atual, assumindo que as culturas são diferentes e podem ser complementares, oferecendo a oportunidade de se viver a unidade na diversidade com a cultura do encontro e do diálogo.

Referências

CNBB. *Diretrizes gerais da ação evangelizadora da Igreja no Brasil 2019-2023*. Brasília: CNBB, 2019.

_____. *Mensagem ao Povo de Deus sobre as Comunidades Eclesiais de Base*. Paulinas: São Paulo, 2010 [Documento 92].

_____. *Comunidades Eclesiais de Base na Igreja do Brasil*. São Paulo: Paulinas, 1982 [Documento 25].

FERRARO, B. "Comunidades Eclesiais de Base: Autonomia com comunhão". In: *Raízes e frutos*: Ontem e hoje. Goiânia: Scala, 2014, p. 131-140.

FRANÇA MIRANDA, M. "A sinodalidade no Documento de Medellín, em 50 Anos de Medellín". In: GODOY, M. & AQUINO JÚNIOR, F. (orgs.). *50 Anos de Medellín*: Revisitando os textos retomando o caminho. São Paulo: Paulinas, 2017.

FRANCISCO. *Discurso na conclusão do III Encontro Internacional dos Movimentos Populares*. Cidade do Vaticano, 05/11/2016.

_____. *Discurso no II Encontro Mundial de Movimentos Populares*. Santa Cruz de la Sierra, 09/07/2015.

_____. *Laudato Si'*: sobre o cuidado da Casa Comum. São Paulo: Paulus/Loyola, 2015.

_____. *Discurso aos participantes do I Encontro Mundial de Movimentos Populares*. Cidade do Vaticano, 28/10/2014.

_____. *Evangelii Gaudium*. São Paulo: Paulus/Loyola, 2013.

SÍNODO DOS BISPOS. *Documento final do Sínodo para a Amazônia*. Cidade do Vaticano: Libreria Editrice Vaticana, 2019 [Disponível em http://www.synod.va/content/sinodoamazonico/pt/documentos/documento-final-do-sinodo-para-a-amazonia.html].

TEIXEIRA, F.L.C. *Os Encontros intereclesiais de CEBs no Brasil*. São Paulo: Paulinas, 1996.

11
Evangelização das cidades e conversão ecológica
Sugestões a partir das *Diretrizes* da CNBB

*Afonso Murad**

O objetivo geral das *Diretrizes gerais da ação evangelizadora da Igreja no Brasil 2019-2023* enuncia: "Evangelizar no Brasil cada vez mais urbano, pelo anúncio da Palavra de Deus, formando discípulos e discípulas de Jesus Cristo, em comunidades eclesiais missionárias, à luz da evangélica opção preferencial pelos pobres, cuidando da Casa Comum e testemunhando o Reino de Deus rumo à plenitude.

A perspectiva social aparece com "opção preferencial pelos pobres", e a ecológica em "cuidando da Casa Comum". O Papa Francisco, na *Laudato Si'*, já havia afirmado que elas constituem um único apelo de Deus. No mesmo movimento se incluem o cuidado pelo que é frágil e a ecologia integral, vivida com alegria e autenticidade. Pois "são inseparáveis a preocupação pela natureza, a justiça para com os pobres, o compromisso na sociedade e a paz interior" (*LS* 10). Com inconfundível clareza, afirma o Papa: "É fundamental buscar soluções integrais que considerem as interações dos sistemas naturais entre si e com os sistemas sociais. Não há duas crises separadas: uma ambiental e outra social; mas uma única e complexa crise socioambiental. As diretrizes para a solução requerem uma

---

* Irmão marista, teólogo, pastoralista e ativista ambiental. Professor do Programa de Pós-graduação em Teologia da Faje, Belo Horizonte. Coordena os programas de rádio "Ecoagente Amigo da Terra", de educação para a sustentabilidade (www.amigodaterra.com.br).

abordagem integral para combater a pobreza, devolver a dignidade aos excluídos e, simultaneamente, cuidar da natureza" (*LS* 139).

Francisco está convencido de que o Evangelho tem uma dimensão social imprescindível, e explicitou essa convicção na exortação apostólica *Evangelii Gaudium*. A Boa-nova de Jesus é dirigida ao mesmo tempo a cada pessoa (cf. *EG* 3), e também a grupos sociais, que estabelecem relações harmônicas e conflituosas. Na sociedade individualista (cf. *EG* 2), marcada por violência e intolerância, pela tirania do mercado (cf. *EG* 204) e do capital financeiro (cf. *EG* 56), a Igreja tem a missão de anunciar com alegria a misericórdia de Deus em Jesus Cristo (cf. *EG* 3-8) e ajudar a promover a justiça, a inclusão social dos pobres (cf. *EG* 186-196) e a paz (cf. *EG* 238-239). Nesse contexto, ganha particular importância a evangelização nas cidades, que apresentam belezas e limites, incluem e afastam as pessoas (cf. *EG* 71-75).

1 O apelo da ecologia integral e da conversão ecológica

Na *Laudato Si'*, Francisco utiliza duas expressões importantes para uma prática pastoral que responda à dimensão socioambiental da nossa fé: *ecologia integral* e *conversão ecológica*. O capítulo IV da encíclica aborda a *ecologia integral* e mostra que ela é um mosaico composto de vários elementos. Começa com a ecologia ambiental e mostra que esta necessariamente leva em conta aspectos econômicos e sociais. A ecologia estuda as relações entre os organismos vivos e o meio ambiente onde se desenvolvem. A natureza não é algo separado de nós ou uma mera moldura da nossa vida. Estamos incluídos nela, somos parte dela e compenetramo-nos. Assim, a ecologia ambiental exige discutir acerca das condições de vida e de sobrevivência de uma sociedade e questionar os modelos de desenvolvimento, produção e consumo (cf. *LS* 138-139).

A ecologia envolve também o cuidado das riquezas culturais da humanidade e das culturas locais. Então, a cultura especialmente no seu sentido vivo, dinâmico e participativo, está incluída na tarefa de repensar a relação do ser humano com o meio ambiente (cf. *LS* 143). Além disso, a ecologia integral contempla o cotidiano das pessoas e grupos sociais, especialmente nas cidades (cf. *LS* 147-153). Fazem parte dessa "ecologia urbana", por exemplo, a planificação urbana, a qualidade de vida e convivência das pessoas, a disposição dos espaços, a forma como os pobres resistem mesmo em condições insuficientes, o acesso à moradia, o transporte urbano, a participação da população na definição das políticas das cidades. "Como são belas as cidades que superam a desconfiança doentia e integram os que são diferentes, fazendo dessa integração um novo fator de progresso! Como são encantadoras as cidades que, já no seu projeto arquitetônico, estão cheias de espaços que unem, relacionam, favorecem o reconhecimento do outro!" (*EG* 210; *LS* 152).

O sonho de Francisco contrasta com a forma perversa como se organizam os espaços urbanos no nosso país, a partir da especulação imobiliária e da exclusão dos pobres.

A busca da ecologia integral leva as pessoas a cultivar a sobriedade feliz, a adotar um estilo de vida simples, centrado no essencial (cf. *LS* 225). E aqui reside uma novidade na proposta de Francisco. Ele valoriza as ações individuais: "ecologia integral é feita também de simples gestos cotidianos, pelos quais quebramos a lógica da violência, da exploração, do egoísmo" (*LS* 230). Mas ao mesmo tempo mostra que elas são insuficientes, pois se exigem ações coletivas e estruturais. "O amor, cheio de pequenos gestos de cuidado mútuo, é também civil e político, manifestando-se em todas as ações que procuram construir um mundo melhor. O amor à sociedade e o compromisso pelo bem comum são uma forma eminente de caridade, que toca não só as relações entre os indivíduos, mas também as macrorrelações" (*LS* 231).

Fazer essa mudança não é fácil, pois comporta uma nova mentalidade, não mais centrada na dominação sobre a natureza, mas sim no espírito de fraternidade em relação à terra. Não mais no individualismo do "salve-se quem puder", mas em um amor que abarque as pessoas e a terra, a vida em toda a sua extensão. Mudança abrangente: de mentalidade, de hábitos, de espiritualidade e de práticas pessoais e coletivas. Ou seja, uma *conversão ecológica* (cf. *LS* 217, 219, 220). Esta se fortalece com as convicções de nossa fé, tais como: cada criatura reflete algo de Deus e tem uma mensagem para nos transmitir;

Cristo assumiu em si mesmo o mundo material e agora, ressuscitado, habita no íntimo de cada ser; Deus criou o mundo, inscrevendo nele um dinamismo que o ser humano deve respeitar (cf. *LS* 221). A conversão ecológica é simultaneamente pessoal e coletiva. Assim, a graça que recebemos de Deus se estende à relação com as outras criaturas e com o mundo que nos rodeia, e suscita a fraternidade com a criação inteira (cf. *LS* 221).

Ora, como as *Diretrizes* colocam a questão socioambiental? De que forma elas nos ajudam a fazer um caminho de conversão ecológica e de adoção de uma ecologia integral nas cidades? Para iniciar, recordemos como as *Diretrizes* apresentam o panorama sobre a realidade urbana e até que ponto elas incluem a ecologia integral.

2 A visão sobre a realidade urbana nas *Diretrizes*

A Igreja contempla a realidade a partir da sua condição específica de *discípula missionária*. "Ela se pergunta: Em que aspectos o atual momento histórico interpela o modo de viver sua missão?" (*DGAE* 42).

Um dos desafios mais relevantes para a evangelização consiste na cultura urbana, que se desenvolve nos grandes centros, e contagia as pequenas cidades e a vida no campo. Quanto maiores as cidades, "menor é a influência das instituições e da tradição sobre os indivíduos". Ali se manifestam, em graus e formas diferentes, "a tendência ao imediatismo, à diversificação e à fragmentação" (*DGAE* 29,46). Dentre as luzes na realidade urbana, destacam-se a resiliência, ou seja, "criatividade para se reinventar e descobrir caminhos novos para reconstruir a vida e a paz". E também as atitudes de resistência, que valorizam mais as pessoas do que o consumo, mais a fidelidade a Deus do que a adesão aos modismos (cf. *DGAE* 67).

Quais seriam as características "da vida na grande cidade mundial"? A individualidade mesclada com o individualismo (cf. *DGAE* 49); a redução da função social do Estado e sua vinculação crescente aos interesses do mercado (cf. *DGAE* 50); o consumo e o consumismo (cf. *DGAE* 51,67); outros fenômenos a eles conectados tais como: comércio de drogas, violência como atitude organizadora da vida e da sociedade, grupos de extermínio, legalização do aborto, falta de assistência médica e morte prematura, controle de áreas pelo narcotráfico. Individualismo e violência são dois lados da mesma moeda (cf. *DGAE* 52). A pluralidade é outra marca do mundo urbano, abrangendo a cultura, a ética, a vivência religiosa e associativa (cf. *DGAE* 54). Nesse contexto tão complexo e desafiador, que clama pela construção da paz, "o combate cristão é sempre ao pecado pessoal e social" (*DGAE* 56).

As grandes cidades são locais de alta mobilidade. As pessoas se locomovem de um lado para outro, tentando sobreviver. A existência não acontece em um único local, pois existem frequentes deslocamentos (cf. *DGAE* 57). Diretamente ligada às características, encontra-se a pobreza que atenta contra a dignidade humana dos filhos de Deus. Geram-se enormes desigualdades sociais e uma multidão de excluídos (cf. *DGAE* 58). Tal pobreza se alarga para o modo como lidamos com o planeta e seus recursos. Os gemidos da terra e dos abandonados do mundo constituem um lamento que demanda de nós outro rumo (*DGAE* 60; *LS* 53). O planeta corre um real perigo de devastação. "É urgente repensar a exploração da natureza, a mineração, com tantos conflitos emergentes e mortes" (*DGAE* 61).

Segundo as *Diretrizes*, há um esforço de compreender o mundo das cidades e suas influências. O XIV Intereclesial das CEBs, realizado em Londrina, de 23 a 28 de janeiro de 2018, se deteve sobre esse tema, propondo intervir com o óleo da solidariedade, com a palavra profética e o anúncio do Evangelho (cf. *DGAE* 68). Os documentos da CNBB impulsionam as Igrejas particulares a um estilo novo de evangelizar e a concretizar adequados processos de iniciação à vida cristã (cf. *DGAE* 69). É preciso superar uma "pastoral da conservação" (*DGAE* 70) e investir mais no discipulado e na missionariedade (cf. *DGAE* 71).

A *conversão pastoral*, que também aparece na exortação *Evangelii Gaudium*, surge como a alternativa para a Igreja sair de sua inércia e recobrar seu ardor evangelizador, especialmente no contexto urbano. Ela "implica a formação de pequenas comunidades eclesiais missionárias, nos mais variados ambientes, que sejam casas da Palavra, do Pão, da caridade e abertas à ação missionária [...] visando ao engajamento missionário e à renovação da sociedade" (cf. *DGAE* 33).

O documento da CNBB aponta que nas cidades há muitas formas de *sofrimento*, e destaca alguns de natureza socioambiental: "a pobreza, o desemprego, as condições precárias de trabalho e habitação, a devastação ambiental, a falta de saneamento básico e de espaços de convivência, a violência e a solidão" (*DGAE* 30). No entanto, falta uma análise mais profunda, com uma postura profética. Afinal, quem padece nessas situações, com exceção das duas últimas, são os pobres. E quem provoca tal sofrimento? As questões socioambientais são elencadas, mas carecem de uma visão estrutural e articulada das suas causas. Os bispos parecem intimidados, com temor de críticas. Talvez lhes falte a coragem, o destemor de Francisco (2Tm 1,7).

Somos convocados a "escutar, admirar e compreender a mentalidade urbana atual", cujas marcas são globais e, ao mesmo tempo, diversificadas e plurais" (*DGAE* 32). De fato. Mas não se trata somente de uma questão de mentalidade, restrita ao âmbito cultural. A realidade urbana comporta estruturas econômicas e políticas de exploração e domínio. Por isso, mudar as cidades, para que sejam ambientes mais humanos e ecológicos, exige ações a longo prazo, de *incidência política*, junto a prefeitos e vereadores. É a forma privilegiada para fazer frente aos *lobbies* (grupos organizados de pressão) dos poderes econômicos, que não se preocupam com a população e visam somente à manutenção de seus privilégios.

As *Diretrizes* apontam de forma adequada como a subjetividade moderna, vinculada ao modelo urbano de viver, traz desafios novos para a evangelização. Por isso, deve-se cultivar uma relação estreita entre o pessoal e o comunitário, para escapar da prisão do individualismo e da privatização da fé. E, onde reina o individualismo, não há lugar para a solidariedade social e ecológica.

3 Sair do "meu quarto" e habitar a casa

Nos últimos anos, aconteceu na Igreja do Brasil um crescimento avassalador da versão individualista da fé, em detrimento de um perfil mais comunitário e social. Um sinal simples se encontra nas letras das melodias cantadas nas missas dominicais das paróquias. Palavras como "nós", "comunidade", "povo de Deus", "pobres", "justiça", "fraternidade", "mundo novo", "partilhar", que traduzem uma consciência comunitária e social simplesmente desapareceram. Seu lugar foi ocupado por "eu", "meu Jesus", "sacrifício", "coração", "sucesso", "sacrário", "alma" e outros termos que expressam uma experiência religiosa meramente individual, até mesmo quando isso acontece em um estádio com milhares de fiéis.

As causas desse desvio, já visto como algo normal, são múltiplas e remontam a um projeto de evangelização, que mesclou, com certo sucesso, elementos do tradicionalismo católico (como o devocionismo e o clericalismo) com a cultura da aparência, do sucesso individual da Modernidade e do corporativismo empresarial, aplicado à gestão eclesial.

As interpelações de Francisco ecoam os apelos do profetismo bíblico e da mensagem de Jesus, não encontram resposta em grande parte do clero e das lideranças leigas. Como eles não se inquietam com essa admoestação? "Qualquer comunidade da Igreja, se subsistir tranquila sem cooperar de forma eficaz para que os pobres vivam com dignidade e haja a inclusão de todos, correrá o risco da sua dissolução. [...] Facilmente acabará submersa pelo mundanismo espiritual, dissimulado em práticas religiosas, reuniões infecundas ou discursos vazios" (*EG* 207).

Em resposta a essa fé sem compromisso, as *Diretrizes* distinguem individualidade (cada pessoa possui valor singular) e individualismo (a satisfação de si é critério determinante) (*DGAE* 49). A subjetividade extrema leva à perda de referências e deixa as pessoas "à mercê das demandas oportunistas do mercado" (*DGAE* 63).

A religiosidade pós-moderna urbana (seja ela católica, evangélica ou esotérica) favorece a manter as pessoas como indivíduos isolados, que semelhantes a adolescentes depressivos se refugiam na penumbra de seu quarto e no fascínio do mundo virtual do celular. Eles habitam a casa, mas a consideram somente a partir do quarto. Quando muito, o interesse vai para a cozinha e a geladeira. Ou seja, o consumo.

As mentes e os corações aprisionados pelo individualismo são como a terra compactada pelo asfalto nas nossas cidades. As sementes da solidariedade social e da consciência planetária não penetram nela. Acontece então o que Francisco denomina "a globalização da indiferença". A alternativa pastoral consiste em partir da subjetividade e ampliar o espaço de compreensão das pessoas, para o comunitário ou planetário. Tomemos, por exemplo, o tema das mudanças climáticas. Pouco adianta falar de realidades longínquas, embora tudo esteja interligado. A pedagogia adequada faz o seguinte percurso: como isso atinge minha vida concreta e de minha família? (saúde, bem-estar, qualidade de vida). Como e em que toca a vida das outras pessoas? Como piora a situação dos pobres e vulneráveis? O que prejudica a água, as plantas e os animais? O que posso fazer para mudar isso? O que podemos fazer juntos?

Segundo as *Diretrizes*, há um vínculo estreito entre "vida em comunidade" e "missão". Nos evangelhos, dois verbos marcam a relação de Jesus com os discípulos: "venham" e "vão". O mesmo Jesus que chama para estar com Ele envia em missão. Assim, não se pode separar a vida em comunidade da ação missionária (cf. *DGAE* 18). E o que isso tem a ver com o compromisso social e ecológico? A missão parte do encontro com Cristo e Ele a conduz. Por isso, não é uma propaganda, um negócio, um projeto empresarial ou somente uma organização humanitária (cf. *DGAE* 23, 132; *EG* 279). Os gestos de amor e de solidariedade concedem credibilidade à experiência de fé e são notas distintivas da missão eclesial (cf. *DGAE* 25). Tal prática da "diaconia da caridade" se realiza em vários níveis: desde as pequenas comunidades, passando pelas Igrejas particulares, até a Igreja inteira (cf. *DGAE* 25).

O Espírito de Deus atua na sociedade, manifestando sinais dos tempos que necessitam ser interpretados e acolhidos. E eles são muitos, tais como inúmeras iniciativas de acolhida dos pobres e frágeis, grupos inter-religiosos que promovem a convivência pacífica, as diversas organizações de valorização da diversidade de gênero, etnia, cultura e geração, e a crescente consciência ecológica. Nas *Diretrizes* se afirma que vivemos em um cenário ambíguo, de luzes e sombras (cf. *DGAE* 27, 67). Isso evita tanto o pessimismo quanto o otimismo ingênuo. Impulsiona a Igreja a perscrutar a realidade para descobrir os sinais da presença e da ausência de Deus. E, para isso, elaborar critérios para interpretar e interagir com a realidade presente (cf. *DGAE* 28).

As *Diretrizes* estão organizadas a partir da *comunidade eclesial missionária,* apresentada com a imagem da *casa,* do lar para seus habitantes. Essa "acentua as perspectivas pessoal, comunitária e social da evangelização, inserindo no espírito da *Laudato Si'* a perspectiva ambiental" (*DGAE* 4). Ora, criar um lar é construir e manter relações, "tecer laços que se constroem com gestos simples e cotidianos que todos nós podemos realizar" (*DGAE* 5). As comunidades eclesiais missionárias são configuradas como: casa da Palavra, do Pão, da caridade e da missão, lugar de iniciação à vida cristã, do comprometimento com os pobres, da abertura aos jovens, do anúncio do Evangelho da família e do cuidado da Casa Comum (cf. *DGAE* 83). Elas devem constituir uma rede, em comunhão com a Igreja local. Promovem a mútua ajuda e se abrem para a sociedade e o cuidado da Casa Comum (cf. *DGAE* 84).

Resgatando dados do Novo Testamento e das comunidades cristãs das origens, afirma-se: "a casa, enquanto espaço familiar, foi um dos lugares privilegiados para o encontro e o diálogo de Jesus e seus seguidores com diversas pessoas" (*DGAE* 73). Embora o Mestre tivesse um estilo de vida itinerante, ela criava oportunidades para reforçar as relações comunitárias nos ambientes domésticos. A casa foi assumida como lugar de cultivo e vivência dos valores do Reino (cf. *DGAE* 75). Os primeiros cristãos viviam a experiência de estabelecer vínculos nas casas, para além dos laços familiares. A casa-comunidade era o lugar de reconhecimento mútuo e de inclusão social (cf. *DGAE* 76-77). Suscitava a participação ativa das mulheres e o cuidado especial para com os membros mais fracos e pobres (cf. *DGAE* 77). A partilha da mesa estabeleceu um novo estilo de vida (cf. *DGAE* 80).

Como sabemos, as *Diretrizes* foram reunidas em torno de quatro pilares da casa, que reagruparam as chamadas "urgências" do plano anterior, dispondo-se assim: (1) Palavra: iniciação à vida cristã e animação bíblica; (2) Pão: liturgia e espiritualidade; (3) caridade: serviço à vida plena; (4) ação missionária: estado permanente de missão (cf. *DGAE* 8).

4 Aplicar criativamente as *Diretrizes*: nossa tarefa

O capítulo 4 das *Diretrizes*, "A Igreja em missão", oferece orientações pastorais para concretizar os quatro pilares. Isto é, "aponta horizontes a partir de perspectivas transversais que toquem todas as realidades, independentemente das circunstâncias locais" (*DGAE* 124). Apresentam-se como princípios básicos: a comunidade como ambiente determinante para anúncio e acolhida da Boa-nova, planos de pastoral flexíveis e plurais, traçar um caminho para comunidades maduras na fé (cf. *DGAE* 126-128).

Destacam-se algumas inspirações pastorais:

• "A Igreja no Brasil, em sua ação evangelizadora, assume o compromisso de formar comunidades que vivam como casa da Palavra, do Pão, da caridade e da ação missionária" (*DGAE* 129). As relações fraternas, e não o local em que se reúnem, é que são significativas pela imagem da casa (cf. *DGAE* 31).

• Caracterizam essas comunidades o empenho de serem Casa como espaço de encontro (cf. *DGAE* 132-133), lugar de ternura (cf. *DGAE* 134-137), lugar das famílias (cf. *DGAE* 138-140) e um lugar de portas sempre abertas (*DGAE* 141-143). O encontro com Deus é intermediado por pessoas que têm nome, história, dores, alegrias, sonhos, conquistas e desejo de serem acolhidas (cf. *DGAE* 133). Assim, tornam-se marcas das comunidades a afetividade, a empatia e a ternura (cf. *DGAE* 134), que atuam sustentadas no bem-querer, no desejo de estar juntos e partilhar a vida (cf. *DGAE* 136). Tudo isso é sinal profético.

• É chegada a hora de multiplicar as portas de misericórdia para todos os que precisam, em todas as instâncias da Igreja, e de assumir com radicalidade a descentralização e a capilarização da experiência eclesial, gerando redes de comunidades (cf. *DGAE* 141; *DAp* 172, 373). Tal ousadia impulsiona novas atitudes e posturas, leva a descobrir novos lugares e interlocutores e a resgatar possibilidades esquecidas (cf. *DGAE* 143).

Na conclusão, acentua-se que a pedagogia do processo não é somente um recurso metodológico, e sim uma mística enraizada na espiritualidade cristã. "Em todas as propostas, como pano de fundo, deve estar presente a ideia de processo como método e mística" (*DGAE* 204).

Os pilares de Palavra, Pão, caridade e ação missionária correspondem à natureza mesma da Igreja. Mas é necessário traduzir o programa de evangelização em orientações pastorais ajustadas às condições de cada comunidade (cf. *DGAE* 205). Mais ainda, transformar as *Diretrizes* em *projetos pastorais* que, respeitando a unidade da Igreja em todo o Brasil, respondam às realidades regionalmente diversificadas (cf. *DGAE* 206). "Uma recepção criativa levará em conta o que ora é apresentado; avaliará o caminho pastoral feito até o momento e realizará um planejamento aberto à participação de todas as pessoas que atuam em vários âmbitos da Igreja" (*DGAE* 206). As *Diretrizes* deverão inspirar a formação, o planejamento e as práticas de todas as instâncias eclesiais (cf. *DGAE* 207).

Segundo nossa opinião, as *Diretrizes* não contemplam de forma suficiente a ecologia integral e a conversão ecológica. A expressão "cuidando da Casa Comum" aparece no objetivo geral, e depois se dilui. Perdeu-se a oportunidade de ligar o tema da casa, tão inspirador e com grande força simbólica, com as questões socioambientais apontadas na *Laudato Si'*, como as mudanças climáticas, a questão da água, a perda da biodiversidade, a deterioração da qualidade da vida humana e o aumento da desigualdade social (cf. *LS* 20-52). As *Diretrizes* enfatizam que a imagem da "casa" não evoca tanto a estrutura material, e sim as relações interpessoais calorosas e humanizadoras. E, nesse sentido, dá um salto de qualidade, como Boa-nova para o nosso tempo. Mas poderia ir mais longe, mostrando que só podemos estabelecer essas relações se a Terra continuar a nos oferecer os serviços ambientais básicos para o desenvolvimento de nossa espécie. Mais ainda. A família que habita esta casa não é constituída somente de humanos. Nesse sentido, as *Diretrizes* não expressam uma conversão, que vai além do antropocentrismo dominador da Modernidade. Pois assim diz Francisco: "Nós e todos os seres do universo, sendo criados pelo mesmo Pai, estamos unidos por laços invisíveis e formamos uma espécie de família universal, uma comunhão sublime que nos impele a um respeito sagrado, amoroso e humilde" (*LS* 89).

No final do documento, afirma-se que "a Igreja se volta ainda mais para a Amazônia, com seus povos e suas culturas, sua história e seu bioma" (*DGAE* 209). Mas não há orientações concretas a esse respeito. Talvez porque se esperava que elas viessem do Sínodo, que se realizou alguns meses depois da aprovação das *Diretrizes*. Então, ao terminar a leitura das *Diretrizes*, tem-se a impressão que o santo desejo de "cuidar da Casa Comum" ficou somente no desejo...

Em resposta à própria orientação das *Diretrizes*, que solicita uma "recepção criativa", vamos sugerir então algumas ações e processos, relacionados com os pilares da ação evangelizadora. Elas visam à promoção da ecologia integral e à conversão ecológica.

5 O pilar da Palavra e a espiritualidade ecológica

O pilar da Palavra diz respeito à iniciação à vida cristã e animação bíblica da vida e da pastoral. Para formar discípulos missionários, deve-se aproximar as pessoas e as comunidades da leitura orante da Palavra de Deus. Assim, esse encontro com a Palavra muda a vida dos cristãos (cf. *DGAE* 88-92). As comunidades precisam ser mistagógicas, ou seja, favorecer o encontro permanente com Jesus Cristo (cf. *DGAE* 146). A Igreja particular configurará um itinerário de formação, com inspiração catecumenal e centrado na leitura orante da Bíblia (cf. *DGAE* 147). Esta se tornará "alimento que, entrando pela mente, toque o coração, nutra o espírito, transforme a vida e seja o critério da experiência comunitária e da ação missionária (cf. *DGAE* 148). Assim se caminhará para uma fé madura, que exercita o diálogo, que descobre "as sementes do Verbo" na realidade e se posiciona nos modernos areópagos (cf. *DGAE* 147). Por meio da Bíblia, os cristãos são convocados a se unirem, na prática do ecumenismo (cf. *DGAE* 149).

A principal tarefa para trilhar um caminho de conversão ecológica no pilar da Palavra consiste em realizar nas comunidades, paróquias e dioceses a leitura orante da Escritura em perspectiva socioambiental. Ou seja, redescobrir como criação, libertação histórica e salvação estão interligadas na Bíblia. Deus não salva somente os humanos, mas inclui todos os seres. Assim, vamos reler os textos da criação em Gênesis, cantar os Salmos, revisitar os profetas, descobrir as leis ecológicas do Deuteronômio, entoar os hinos paulinos, proclamar a promessa da nova criação no Apocalipse. E isso vale também para os processos de iniciação cristã. Somos chamados a ter uma nova visão da relação do ser humano com as outras criaturas, tal como se desenvolve na ecoteologia e foi assumida pelo Papa Francisco na *Laudato Si'*. Vejamos alguns tópicos dessa nova visão, a título de exemplo.

(a) Segundo os relatos da criação de Gn 1–2, a humanidade tem uma tríplice missão diante da criação: governar, cuidar e cultivar. "Cultivar" quer dizer lavrar ou trabalhar um terreno, "guardar" significa proteger, cuidar, preservar, velar (cf. *LS* 67). Deus constituiu a Terra como nossa Casa Comum, nossa mãe e nossa irmã, como proclama São Francisco (cf. *LS* 1). Então, somos habitantes, filhos e irmãos. Isso implica uma relação de *reciprocidade responsável* entre nós e a natureza. Cada comunidade tem o direito de tomar da terra o que necessita, e tem o dever de garantir a continuidade da sua fertilidade para as gerações futuras (cf. *LS* 67). A sustentabilidade não é somente um imperativo ecológico, ético e social, mas também espiritual, pois faz parte do mandato divino de governar, cuidar e cultivar. Somos colaboradores de Deus na criação (*CA* 37), que continua aberta e em evolução (cf. *LS* 79).

(b) O Livro do Deuteronômio oferece uma série de preceitos sobre o cuidado com o planeta. Nos dez mandamentos se inclui o descanso para o gado e os animais domésticos, reconhecendo assim sua dignidade (cf. Dt 5,14). Eles precisam ser bem tratados, evitando o sofrimento (cf. Dt 25,4) e o esforço excessivo (cf. Dt 22,10). Deve-se acolher os animais perdidos e devolvê-los ao seu dono (cf. Dt 22,1-4). Preservem-se os pássaros com seus filhotes, garantindo a continuidade de sua existência (Dt 22,6-7). Não se destruam as árvores frutíferas, mesmo em situação de guerra (cf. Dt 20,19-20). Respeitem-se as plantas cultivadas (cf. Dt 20,6; 23,25-26; 24,19-21). As plantações são uma bênção divina e todos têm direito de se alimentarem delas.

Isso nos inspira a buscar, com outros homens e mulheres, um projeto original de desenvolvimento sustentável e integral (cf. *LS* 13, 18), tanto no campo quanto na cidade.

(c) Estamos aprendendo que tudo está interligado (cf. *LS* 16, 91, 117). Isso nos convida a cultivar uma espiritualidade da solidariedade global que brota do mistério da Trindade (*LS* 240): "Nós e todos os seres do universo, sendo criados pelo mesmo Pai, estamos unidos por laços invisíveis e formamos uma espécie de família universal, uma comunhão sublime que nos impele a um respeito sagrado, amoroso e humilde" (*LS* 89).

(d) Cada ser existente, como também a comunidade de vida do nosso planeta, tem valor em si mesmo, e não simplesmente devido à sua utilidade para os humanos (cf. *LS* 84, 140). Desde os micro-organismos até o firmamento do céu e o esplendor do sol (cf. Sl 18,2-7), as criaturas comunicam uma mensagem divina, embora silenciosa. O ser humano tem sua singularidade e sua responsabilidade (cf. Sl 8) frente a um mundo belo, valioso e frágil (cf. *LS* 77). Deus Trindade está na sua criação finita, mas ao mesmo tempo se distingue dela, como amor infinito, fonte de toda vida, luz de toda luz (cf. Sl 36,10), criador, redentor e santificador. Cristo é o "homem novo" e o primogênito de toda a criação (Cl 1,15).

(e) A biodiversidade é manifestação do amor divino: "O conjunto do universo, com as suas múltiplas relações, mostra melhor a riqueza inesgotável de Deus" (*LS* 96). Por isso cantamos com o Salmo: "Como são numerosas, Senhor, tuas obras! Tudo fizeste com sabedoria, a terra está cheia das tuas criaturas" (Sl 104,24). Em consonância com as razões ecológicas, defender a biodiversidade é parte de nossa missão de governar, cuidar e cultivar a terra que Deus nos concede.

(f) Da nossa fé brota o louvor a Deus. Como os três jovens que estiveram sujeitos ao martírio, convidamos as águas, as árvores, os peixes e os animais: "Bendigam o Senhor, as obras do Senhor, exaltem o Senhor com hinos para sempre" (Dn 3,57). Inspirados pelos profetas e os Salmos, reconhecemos que o Deus criador é o libertador e salvador do seu povo (cf. Sl 135,1.9.12), pois eterno é seu amor (Sl 136). Toda a criação está solidária com o Povo de Deus, quando sai da escravidão e caminha para a terra da liberdade: "Dance, ó terra" (Sl 114,7), "Batam palmas os rios e as montanhas!" (Sl 98,8). A espiritualidade ecológica é de louvor e gratidão a Deus pelas outras criaturas e com elas.

(g) Também da fé surge a indignação diante da destruição dos nossos biomas, o que leva a tomar atitudes para reverter esse quadro desolador (cf. *LS* 53). O Espírito de Deus, que renova a face da terra (cf. Sl 104,30), nos move ao louvor, à indignação ética e à adoção de práticas ecologicamente sustentáveis na Igreja e na sociedade. O sangue dos mártires que testemunharam o amor a Deus, ao seu povo e ao meio ambiente nos estimula a louvar a Deus, anunciar seu Reino e denunciar as injustiças socioambientais.

(h) A natureza nos ensina que a cooperação é mais importante do que a competição. Mas nela também há violência e está presente a cruz de Cristo. Então escutamos o grito da terra e o grito dos pobres como um único clamor que vem de Deus (cf. Ex 2,24-25; *LS* 139). Como comunidade de discípulos(as) missionários(as) (cf. *EG* 24, 120), Povo de Deus peregrino, Igreja em saída (cf. *EG* 20-24), colaboramos na obra de redenção dos humanos e de toda a criação, em vista do "novo céu e da nova terra, onde reina a justiça" (Ap 21,1; 2Pd 3,13).

Então, uma espiritualidade ecológica, que acompanha o processo de conversão, apresenta ao menos estas características: (a) expressa gratidão, louvor e ação de Graças a Deus pela beleza da criação e das criaturas; (b) é sensível aos gemidos da criação, que sofre violência dos humanos; (c) discerne os sinais dos tempos da realidade humana, de alegrias e sofrimentos; (d) faz-se peregrina rumo à pátria definitiva, anunciando o Reino de Deus e a salvação em Cristo; (e) assume atitudes pessoais e ações coletivas de cuidado da casa Comum.

6 O pilar do Pão e a conversão ecológica

O Pilar do Pão se relaciona com a liturgia e a espiritualidade (cf. *DGAE* 93-101). A mesa está no centro da celebração da fé cristã. Consiste em "ato comunitário, que exige presença, acolhida das pessoas, cuidado e afeto pelos outros". A Eucaristia é a mesa por excelência da comunidade cristã (cf. *DGAE* 94). A liturgia é o coração da comunidade (cf. *DGAE* 160). Os discípulos missionários cultivam a oração e buscam a santidade (cf. *DGAE* 96-98). A dor humana sensibiliza os santos de ontem e de hoje e os impele "a uma saída efetiva de seu lugar em direção ao lugar onde o outro se encontra" (*DGAE* 99).

Deve-se acolher a piedade popular, como força ativamente evangelizadora, e evitar sua instrumentalização, "quando é apresentada de modo intimista, consumista e imediatista" (*DGAE* 100), por pressões do mercado religioso ou com a criação artificial de devoções (cf. *DGAE* 166). Promova-se uma liturgia essencial, que fuja dos extremos do subjetivismo emotivo e da rigidez ritual (cf. *DGAE* 162). Superando o individualismo, cultive-se uma espiritualidade comunitária, "na qual a oração pessoal e a comunitária sejam abertas ao coletivo, especialmente aos que estão nas periferias sociais, existenciais, geográficas e eclesiais" (*DGAE* 163).

Se relermos os parágrafos acima, perceberemos que as reflexões das *Diretrizes* referentes ao pilar do Pão convergem para estimular a conversão ecológica. Ao afastarmos o ritualismo e a cultura do espetáculo, que contaminam nossas missas dominicais em vários lugares do Brasil, redescobriremos que a Eucaristia é o grande momento de partilha da Palavra e do Pão. Estar em torno à mesa nos convoca para promover relações humanizadoras e anunciar uma sociedade da partilha, e não da acumulação individual. É um sinal esperançado da justiça socioambiental, que inclui os humanos e toda a criação. Seguem-se algumas sugestões concretas, que já acontecem em várias comunidades no nosso país.

(a) Reintroduzir na liturgia os cantos que explicitam a dimensão comunitária e social da partilha do Pão Eucarístico. Estimular os compositores a criar músicas com conteúdo socioambiental e utilizar nas reuniões de grupo. Fortalecer as redes de difusão dessas músicas em áudio e vídeo.

(b) Estimular as "comunidades eclesiais missionárias" a cantar e saborear os Salmos, com a ajuda do Ofício Divino das Comunidades. Nos Salmos, não somente louvamos a Deus pela criação, mas também convidamos todas a criaturas a louvá-lo conosco (cf. Sl 150). Proclamamos que o Deus criador também ajuda o povo a se libertar das opressões históricas (cf. Sl 136). Descobrimos que o louvor a Deus com a criação exige de nós também o cuidado com a Casa Comum.

(c) Levar as pastorais e movimentos a fazer a experiência sensorial de comunhão com a natureza (ver, ouvir, tocar, cheirar, provar). Precisamos recuperar a sintonia com a criação, que perdemos na cidade. Para isso, pode-se visitar praças, ir aos parques públicos, fazer caminhada ecológica e atividades semelhantes. Quando se está em casa de retiros e encontros, pode-se orar pela manhã na presença do Irmão Sol, sentar-se embaixo das árvores, ver o céu estrelado... O que se pretende é desenvolver uma espiritualidade ecológica que nos faz sentir com o corpo que somos parte da terra e irmãos das outras criaturas.

(d) Fazer parcerias com pequenos produtores de agroecologia, de forma a oferecer um local de venda de verduras, legumes, raízes e frutas saudáveis, sem veneno. É vantajoso para os consumidores, os produtores e o meio ambiente. Isso pode acontecer em paróquias, escolas e obras sociais da Igreja. Pão evoca alimento. E as escolhas alimentares repercutem na nossa saúde e no meio ambiente. O consumo consciente e saudável, associado à questão social, tem consequências positivas para os produtores, a população e o meio ambiente.

(e) Incluir a temática socioambiental, com gestos e palavras, em algumas práticas comunitárias de piedade popular. Já temos experiências concretas bem-sucedidas no Brasil, como as Romarias da Terra e das Águas (que aproxima as comunidades urbanas às gritantes questões do campo), vias-sacras e novenas. Nessas práticas celebrativas e conscientizadoras deve-se desenvolver uma linguagem narrativa (contar experiências), gestual, simbólica e poética.

7 Os pilares da caridade e da ação missionária na conversão ecológica

Abordaremos concomitantemente esses dois pilares, pois estão interligados na ecologia integral. A caridade em relação à Casa Comum além dos muros da Igreja. Vivemos a caridade-solidariedade na comunidade eclesial e na relação com a sociedade e o meio ambiente.

O *pilar da caridade* visa ao serviço à vida plena (cf. *DGAE* 102-113). "Todos os cristãos devem buscar uma vida simples, austera, livre do consumismo e solidária, capaz de partilha de bens" (*DGAE* 108). Ao contemplar o mundo com os olhos de Deus se acolhe "o grito que emerge das várias faces da pobreza e da agonia da criação" (*LS* 53; *DGAE* 102). "As questões sociais, a defesa da vida e os desafios ecológicos da atual cultura urbana globalizada" têm que ser enfrentados pela Igreja, em nível de comunidades, paróquias, dioceses, e também em nível regional e nacional. A tarefa profética exige ação de denúncia e anúncio e promoção da paz (*DGAE* 104-105). Igualmente, a caridade se expressa no empenho e na atuação política dos cristãos e das comunidades eclesiais, agindo no âmbito das macrorrelações econômicas e sociais (cf. *DGAE* 107).

A opção preferencial pelos pobres deriva da fé na encarnação do Filho de Deus e há um vínculo indissolúvel entre nossa fé e os pobres (*DGAE* 108). Contemplar o Cristo sofredor na pessoa dos pobres "significa comprometer-se com todos os que sofrem, buscando compreender as causas de seus flagelos, especialmente as que os jogam na exclusão" (*DGAE* 110). Em particular, a situação dos migrantes e refugiados preocupa a Igreja e a desperta para ações de acolhida, proteção e integração desses grupos humanos (cf. *DGAE* 111). Ela reconhece e defende os direitos dos povos indígenas, quilombolas e pescadores, entre os quais a permanência em seus territórios.

A vida humana, e tudo que dela decorre e com ela colabora, é objeto da nossa atenção. Isso se traduz no cuidado para com os direitos humanos e as políticas públicas que sustentam sua aplicação, como uma forma de realizar as obras de misericórdia no âmbito pessoal, comunitário e social (cf. *DGAE* 171). Tal testemunho cresce se realizado por cristãos que trabalham juntos em projetos comuns (cf. *DGAE* 173).

Como encaminhamentos práticos para o pilar da caridade, as *Diretrizes* propõem uma lista extensa, que mistura "bons conselhos" com iniciativas pastorais, sem prioridades (*DGAE* 174-185). Uma das poucas orientações sobre a ecologia integral diz: "inserir na lista de prioridades das comunidades de fé o cuidado para com a Casa Comum, em sintonia com o magistério social do Papa Francisco. Na medida da necessidade, implantar a pastoral da ecologia, sob a égide da ecologia integral, que comporte um novo modo de estar e viver no mundo" (*DGAE* 181).

O pilar da ação missionária coloca a Igreja em estado permanente de missão (cf. *DGAE* 114-120). Embora possa nos assustar, um mundo cada vez mais urbano é uma porta para o Evangelho (cf. *DGAE* 114). A missão supõe o anúncio explícito da Boa-nova de Jesus Cristo. A comunidade expressa também sua missionariedade se "assume os compromissos para garantir a dignidade do ser humano e a humanização das relações sociais" (CNBB, 2014, n. 185; cf. *DGAE* 117). Ela necessita ainda se inserir nos novos areópagos, especialmente nas redes sociais (cf. *DGAE* 118), ouvir a voz dos jovens, acolhê-los e acompanhá-los (cf. *DGAE* 119). Então, a ação evangelizadora tem como meta a salvação integral da pessoa e da humanidade (cf. *DGAE* 121). O Papa Francisco apresenta um modelo missionário para os nossos tempos, em cinco atitudes: tomar iniciativa, envolver-se, acompanhar pessoas e processos, reconhecer os frutos e festejar (cf. *EG* 24; *DGAE* 186). A tarefa missionária inclui os seguintes passos: diálogo a partir da existência, apresentação da Palavra e oração (cf. *EG* 127-128; *DGAE* 187). A comunidade dos seguidores de Jesus vai ao encontro do outro, no seu lugar concreto, anunciando o Senhor com sua presença amorosa (cf. *DGAE* 188).

Como encaminhamentos práticos do pilar missionário, as *Diretrizes* propõem uma lista extensa, sem colocar prioridades (cf. *DGAE* 189-202). Muitas delas são bons conselhos, com que (quase) todos estão de acordo. Mas provavelmente trarão poucas consequências para a ação pastoral nas Igrejas particulares. Pois é importante distinguir o que é um jeito de fazer daquilo que são processos a começar ou fazer avançar.

A seguir apresentaremos alguns procedimentos e sugestões de ações coletivas, para estimular a conversão ecológica para as assim chamadas "comunidades eclesiais missionárias". A lista está incompleta, felizmente. Serve sobretudo como estímulo, para mostrar que é possível fazer algo. Mais ainda, necessário!

8 Sugestões de ações comunitárias nos espaços eclesiais urbanos

Existem no mínimo cinco tipos de ações comunitárias, além da conscientização que se realiza nos processos pastorais, como apontamos anteriormente. São elas: *eventos, campanhas, processos, gestão ambiental e grupos de incidência política* (TAVARES & MURAD, 2016). Todas têm repercussão social, para além do campo da Igreja. Algumas se dirigem preferencialmente aos membros das comunidades eclesiais. Alguns eventos já acontecem. Trata-se de dar um bom exemplo, reduzindo os resíduos e materiais descartáveis. Outros podem ser criados, com finalidade socioambiental. As campanhas visam a desinstalar as pessoas e mobilizá-las para mudar de atitudes e empreender ações de impacto, durante um período determinado. Já os processos acontecem no tempo necessário para trazer resultados. Prolonga-se no tempo. Uma campanha pode desembocar em processos, se houver pessoas na comunidade que assumam a responsabilidade por eles. Tanto as campanhas como os processos devem ser bem preparados, com uma comunicação eficiente. A gestão ambiental consiste no conjunto de políticas e procedimentos a serem assumidos pelo conselho paroquial com seu pároco e a diocese, visando à sustentabilidade nos espaços físicos da Igreja. Por fim, a mudança socioambiental exige a presença de grupos que pressionem os poderes públicos (executivo, legislativo e judiciário), a fim de denunciar e coibir os desmandos e avançar em políticas socioambientais.

Algumas iniciativas somente serão duradouras se contarem com a participação ativa da comunidade e a contribuição de voluntários, ambientalistas e pessoas que tragam sua experiência e contribuição técnica. Em outros casos, com o apoio das associações locais e outras Igrejas cristãs. Atividades complexas exigem a parceria com o poder público, especialmente com a prefeitura. Evite-se a submissão dessas iniciativas ao apoio interesseiro de vereadores ou deputados. Os exemplos abaixo visam a despertar no leitor(a) e em sua comunidade a sensibilidade ecológico-social e a criatividade. Na internet você encontrará relatos de mais experiências bem-sucedidas nesse campo.

Eventos

• Sua paróquia ou comunidade promove festas juninas e outras festas religiosas? Há algum evento de massa organizado por movimentos ou pela diocese? Promove peregrinação a santuários? As ações comunitárias elementares consistem, por exemplo, em adotar procedimentos concretos para reduzir a produção de lixo, adotar sempre que possível material reutilizável e não os descartáveis. E todo o lixo gerado pode ser separado e destinado a uma associação de catadores. Ao se promover um evento com comida, deve-se privilegiar fornecedores de agroecologia, agricultura familiar e associações de economia solidária. Isso faz a diferença!

• Romaria da Terra e das Águas: organizada pelas pastorais sociais, constitui importante momento para denunciar o mau uso do solo e a degradação dos nossos rios, fortalecer as lutas socioambientais e louvar a Deus com a água e o solo.

• Caminhada ecológica: destina-se a tomar consciência do próprio corpo, fortalecer os laços interpessoais, e encantar-se com as belezas da terra (as árvores, as águas, o ar, os pássaros, as flores). Em outras ocasiões, têm um caráter profético, de denúncia diante da destruição da natureza. Em outros momentos, enfatiza a dimensão celebrativa, de louvor com a criação. Ou pode conter todos esses elementos.

• Feira de troca: realiza-se com as mais diversas faixas etárias. A finalidade é refletir sobre a maneira como compramos, usamos e descartamos os objetos. Na feira de trocas, cada pessoa traz algum objeto em bom estado, que não usa mais, para trocar com outra pessoa. Descobre-se o valor de uso dos objetos e exercita-se o desapego.

• Feira de produtos agroecológicos e da economia solidária: pode acontecer algumas vezes no ano ou ser um processo. As feiras fortalecem a cadeia produtiva com alimentos saudáveis, estimulam as iniciativas de economia solidária, conscientizam sobre o valor da alimentação sem agrotóxicos e estimulam a inclusão social.

Campanhas

- **Mutirão de limpeza:** mobiliza membros da comunidade para limpar um espaço de uso público, como um parque, uma praça, a praia ou a beira do rio. Alerta as pessoas sobre a necessidade de cuidar dos espaços comuns.
- **Passeio ciclístico:** visa a despertar para o uso da bicicleta como meio de transporte ou diversão. Chama a atenção para o importante tema da mobilidade urbana.
- **Plantio de mudas:** em parceria com outras organizações, mobiliza membros da comunidade local para plantarem e cuidarem de árvores frutíferas ou do bioma onde se vive. Pode destinar-se a espaços públicos ou familiares. É bom contar com a ajuda de técnicos e de povos tradicionais, para escolher as árvores mais adequadas para sua região.
- **Coleta de água da chuva:** essa experiência bem-sucedida de construção de cisternas caseiras em comunidades rurais no semiárido do Brasil, com apoio da Caritas, agora se estendeu para as cidades para ajudar a superar a crise de abastecimento da água nas periferias. Serve também para sanitários e aguar plantas e jardins.
- **Compostagem:** com informações claras, estimula a produção de adubo orgânico em pequena escala, aproveitando determinados restos de alimentos. Reduz a quantidade de lixo e fornece material para manter o solo vivo e fértil.
- **Horta caseira:** ensina as pessoas a produzirem algumas plantinhas básicas em casa, como temperos e plantas medicinais. Funciona não somente em quintais, mas até em apartamentos, corredores e lajes.
- **Campanha de redução do consumo de água e energia:** já há muitas iniciativas, com apoio das concessionárias. Ajuda as famílias a fazer um diagnóstico e perceber onde e como há maior impacto ambiental na sua casa, em vista de adotar atitudes sustentáveis.

Processos

- **Coleta e destinação de óleo usado:** organiza-se um local para recolher o óleo de fritura utilizado nas casas ou organizações. Destina-se então a uma organização que recolhe e recicla o material coletado. Além de reduzir a poluição das águas, o resto de óleo de fritura serve de matéria-prima para fabricar sabão e detergente.

• Apoio às cooperativas de coletores de material reciclado: a comunidade, ou um condomínio, monta um sistema para separar e destinar o chamado "lixo seco", para reduzir a quantidade de resíduos e fortalecer empreendimentos populares de "catadores de material reciclável". Convém escolher qual material recolher (por exemplo: latinha, garrafas pet e papel branco limpo). Essa iniciativa tem ajudado na promoção social de muitas famílias pobres, além de reduzir o volume dos aterros sanitários da cidade.

• Horta urbana coletiva: iniciativa crescente em várias partes do mundo, ela aproveita espaços urbanos para plantio de hortaliças, realizado por um grupo.

Gestão ambiental

Consiste em adotar procedimentos ecologicamente sustentáveis nos espaços eclesiais, como igrejas, salões paroquiais, escolas, hospitais e obras sociais. Por exemplo: redução, separação e destinação de resíduos sólidos (lixo), geração de energia elétrica com painéis solares, construções e reformas privilegiando ventilação e iluminação natural, captação e utilização de água da chuva, atualização dos equipamentos hidráulicos e elétricos (ecoeficiência), escolha de fornecedores com responsabilidade socioambiental. Deve-se fazer um diagnóstico ambiental, perceber quais são os principais impactos negativos e buscar as alternativas viáveis, em curto, médio e longo prazo.

Grupo de incidência política

Mudanças duradouras exigem o compromisso dos governos, por meio de leis, organismos, empreendimentos e políticas públicas. Para isso, é necessário criar grupos de cidadãos que farão um longo trabalho de conscientização, reivindicação e pressão sobre o poder público. Tecnicamente, isso se chama *advocacy*, ou luta pelos direitos sociais e bens comuns. Ela atua: "expondo os problemas e necessidades existentes na sociedade; mostrando, com dados, fontes confiáveis e relatos, a importância do tema; sugerindo melhorias e soluções, a partir da pesquisa e colaboração com especialistas da área; buscando influir nos planejamentos orçamentários, comprovando a necessidade de expansão de recursos em determinada área; realizando pressão nas autoridades, formuladores de agenda e tomadores de decisão, para discussão e implementação das políticas públicas necessárias" (ENRICONI, 2017). A palavra oficial da Igreja, por meio de pastorais organizadas, paróquias e dioceses, tem grande valor para fortalecer essas iniciativas de defesa de direitos sociais.

Veja algumas mudanças importantes para a cidade, que são resultado de políticas públicas adotadas pelos municípios e o Estado, e necessitam da pressão de grupos organizados: implantação de aterro sanitário; apoio logístico aos coletores de material reciclável, funcionamento de estação de tratamento de esgoto (ETE), implantação e manutenção de ciclovias, criação e manutenção de parques públicos e áreas de conservação, política de mobilidade urbana, controle da poluição do ar, controle da qualidade dos alimentos, implantação e manutenção de calçadas; plantio e cuidado de árvores na cidade. As Campanhas da Fraternidade são uma excelente oportunidade para criar um grupo de incidência política sobre determinada causa socioambiental.

Conclusão aberta

Temos muito a caminhar no que diz respeito à conversão ecológica e ao cuidado da Casa Comum. Ambientalistas e cientistas alertaram que o nosso planeta está em situação de "emergência ambiental". Manter a pastoral no campo das demandas individuais é muito pouco. Somos convocados a ampliar nossa consciência e atuar de forma transformadora. Ao mesmo tempo, nutrir uma espiritualidade pessoal e comunitária, integradora, de cura e profecia, de louvor e indignação, de paz interior e empenho social. Eis o desafio e a oportunidade para a nossa fé!

Referências

AGUIAR, L. & SCHARF, R. *Como cuidar da nossa água*. São Paulo: BEI, 2003 [2. ed. rev. e ampliada: 2004].

CNBB. *Diretrizes gerais da ação evangelizadora da Igreja no Brasil 2019-2023*. Brasília: CNBB, 2019.

ENRICONI, L. "Advocacy: o que é?" In: *Politize!*, 10/08/2017 [Disponível em https://www.politize.com.br/advocacy-o-que-e/ – Acesso 20/12/2020].

FRANCISCO. *Carta encíclica* Laudato Si': sobre o cuidado da Casa Comum. São Paulo: Paulinas, 2015.

_____. *Exortação apostólica* Evangelii Gaudium: a alegria do Evangelho. São Paulo: Paulinas, 2013.

JOÃO PAULO II. *Carta encíclica* Centesimus Annus. São Paulo: Paulinas, 1991.

SUESS, P. *Dicionário da* Laudato Si'. São Paulo: Paulus, 2017.

TAVARES, S.S. & MURAD, A. (orgs.). *Cuidar da Casa Comum* – Chaves de leitura teológicas e pastorais da *Laudato Si'*. São Paulo: Paulinas, 2016.

12
Pastoral orgânica e de conjunto na cidade

*Agenor Brighenti**

Não há como fazer pastoral urbana sem pastoral orgânica e de conjunto. Dentre os que tentam, pois a pastoral urbana anda escassa, não são poucos os que procuram levá-la a cabo respaldada por uma eclesiologia esclerosada (cf. COMBLIN, 2002, p. 52-57), como também de modo empírico ou improvisado. Em parte está aí a razão da parca eficácia da ação evangelizadora e da débil incidência no mundo urbano. Como a cidade conforma um todo, lotear o espaço urbano em paróquias isoladas umas das outras é ignorar o resgate da eclesiologia de comunhão e da Igreja local pelo Concílio Vaticano II, bem como inviabilizar uma evangelização eficaz que incida e cause o necessário impacto sobre o mundo urbano.

Em grande medida, hoje, temos uma pastoral urbana com poucos vínculos com uma pastoral orgânica e de conjunto. Entretanto, por ironia da história, a pastoral orgânica e de conjunto nasceu com a pastoral urbana, por duas razões principais, uma de ordem teológica e outra relacionada à eficácia da ação (cf. BRIGHENTI, 1994, p. 419-423; CALVO, 1966, p. 13-24)[6]. Por um lado, a pastoral

---
* Presbítero da Diocese de Tubarão/SC, doutor em Ciências Teológicas e Religiosas pela Universidade Católica da Louvaina, na Bélgica, professor-pesquisador da Pontifícia Universidade Católica do Paraná, professor-visitante no Centro Bíblico-Teológico-Pastoral para a América Latina (Cebitepal/Celam) e membro da Equipe de Reflexão Teológico-Pastoral do Celam.

6. As primeiras preocupações em *torno* à pastoral de conjunto nasceram na Alemanha ainda no início do século XX com M. Fassbender, que propôs uma coordenação pastoral nas grandes cidades. Depois, a Ação Católica, especialmente na França, fez tomar consciência de que a pastoral, por ser individualista, invertebrada e alheia à realidade do mundo, não respondia às exigências do apostolado. O Movimento dos Padres Operários também daria grande contribuição à questão.

orgânica e de conjunto nasceu quando leigos e leigas na Alemanha da década de 1920 tomaram consciência de que para evangelizar na cidade, como esta conforma um todo, as paróquias precisavam levar a cabo uma ação concertada entre si. Pastoralmente, para que a ação pastoral incida sobre o conjunto da sociedade no seio da qual as cidades se inserem, percebeu-se que a Igreja presente em uma cidade não poderia caminhar independentemente das comunidades eclesiais presentes nas demais. Era preciso levar em conta a dimensão diocesana da pastoral que, por sua vez, implicava o resgate da Igreja local. Estavam aí, em gérmen, os postulados da eclesiologia do Vaticano II que, para K. Rahner, têm no resgate da Igreja local sua principal mudança. Em outras palavras, buscando uma pastoral que incidisse sobre a cidade como um todo (cf. D'ASSUNÇÃO BARROS, 2007, p. 49-52), levou à superação do paroquialismo que, por sua vez, possibilitou o resgate da Igreja local, o referencial de uma pastoral orgânica e de conjunto.

Por outro lado, em ordem à eficácia da ação, também se toma consciência que a eficácia de uma pastoral orgânica e de conjunto na cidade dependia de uma ação pensada, concertada entre todos, de forma participativa. E que pensar a ação significava planejar a ação, projetar um futuro desejável com o auxílio das ciências e a ser perseguido por todos, dado que depende de todos. Percebeu-se então que o planejamento, criado pelas ciências administrativas e presente há quase um século nas empresas, com o devido cuidado e adaptações, precisava também ser trazido para o seio da Igreja, pois poderia contribuir com uma maior eficácia da ação pastoral. Foram razões como essas que levaram os bispos do Brasil durante a realização do Concílio Vaticano II a elaborar o *Plano de emergência* e, terminado o Concílio, o *Plano de pastoral de conjunto* (cf. BEOZZO, 1982). O episcopado brasileiro, até onde se sabe, foi o único a sair de Roma com um plano de pastoral para implementar a renovação conciliar nas Igrejas locais e no conjunto delas. Isso explica em parte o quanto o Vaticano II desenvolveu raízes profundas em nossas Igrejas, capazes de tornar efetivas suas intuições fundamentais e seus eixos centrais.

Entretanto, sobretudo a partir de meados da década de 1980, com a instalação de um gradativo processo de involução eclesial (cf. GONZÁLEZ FAUS, 1989) que se abateria sobre a Igreja como um todo por três décadas (cf. LADRIÈRE-LUNEAU, 1987), os planos de pastoral orgânica e de conjunto em âmbito nacional seriam deixados aos regionais, e, destes, às Igrejas locais e, destas, às paróquias. Na prática, os planos foram substituídos por "diretrizes de ação" em todos os âmbitos, ficando-se mais no nível das intenções, sem baixar ao nível da operacionalização. A Conferência de Aparecida falaria da necessidade de se descer do nível dos princípios ao âmbito operacional. Entretanto, passada mais de uma década, o clamor por uma ação pastoral mais eficaz, apoiada em uma pastoral orgânica e de conjunto, em especial na cidade, continua pouco escutado.

1 Fundamentos teológicos de uma pastoral de conjunto na cidade

A pastoral orgânica e de conjunto, que tomou corpo no contexto da renovação do Vaticano II que lhe deu uma base teológica, superou a denominada por *Medellín* de *pastoral de conservação* (*Med* 6,1) – de cunho sacramentalista e devocional, centrada no padre e na paróquia, bem como a *pastoral coletiva*, tributária do projeto restauracionista da Neocristandade, apoiada nos movimentos eclesiais de corte universalista e de uma Igreja autorreferencial. Em lugar desses dois modelos atrelados ao período da Cristandade, o Concílio assumiu a perspectiva apontada pelos movimentos de renovação que o precederam[7] (cf. FLORISTÁN, 1991, p. 103-104) e colocou as bases de um novo modelo de pastoral (cf. FLORISTÁN, 1991, p. 229-233). A pastoral orgânica e de conjunto se apoia na eclesiologia de comunhão, que concebe a Igreja como Povo de Deus, como também no resgate da Igreja local enquanto espaço onde se faz presente "a Igreja toda, ainda que não se constitua em toda a Igreja", dado que a Igreja é "Igreja de Igrejas" (cf. TILLARD, 1987). As razões da mudança são de ordem teológica e de eficácia da ação.

---

7. Dentre os movimentos precursores do Vaticano II, destacaram-se: os movimentos bíblico, litúrgico, catequético, teológico, ecumênico, os Padres Operários e a Ação Católica especializada.

Fundamentos de ordem teológica

A "pastoral orgânica e de conjunto" se autocompreende como "orgânica" na medida em que cada iniciativa, setor ou frente pastoral se constitui em um órgão, inserido em um único corpo, que é comunidade eclesial; de "conjunto", no sentido das diferentes iniciativas pastorais de uma determinada comunidade eclesial se inserirem no conjunto das iniciativas da Igreja local.

O nascimento da pastoral orgânica e de conjunto só foi possível graças ao resgate da Igreja local, lugar da presença da "Igreja toda" (inteira), ainda que não se constitua em "toda a Igreja", pois nenhuma delas esgota esse mistério. Por um lado, a Igreja local é "porção" e não parte da Igreja universal, dado que esta é "Igreja de Igrejas locais" (cf. TILLARD, 1987). Por outro, dado que a Igreja local ainda seja a Igreja toda, mas não toda a Igreja, a catolicidade ou universalidade da Igreja acontece na comunhão das Igrejas locais, pois cada uma delas é também responsável pela solicitude de todas as Igrejas. Além disso, a autoconsciência da Igreja como Povo de Deus faz a passagem do binômio *clero-leigos* para o binômio *comunidade-ministérios*, fazendo da comunidade eclesial como um todo o sujeito da pastoral (cf. CHAPA, 1987, p. 197-212). Em consequência, nascem as assembleias de pastoral como organismos de planejamento e tomada de decisão e os conselhos e equipes de coordenação como mecanismos de gestão da vida eclesial, na corresponsabilidade de todos os batizados (cf. BOURGEOIS, 2000, p. 686-687).

Assim, dado que a Igreja toda está na Igreja local, estritamente falando, por um lado, a ação pastoral só será eclesial na medida em que for realizada tendo presente a diocese como horizonte de sua realização. Com isso, resgata-se a diocesaneidade da pastoral, base teológica da pastoral de conjunto, que supera, de um lado, o paroquialismo e, de outro, o universalismo generalizante dos movimentos eclesiais. Isso não significa que, na pastoral de conjunto, se elabore um plano diocesano e depois se vai aplicá-lo em cada paróquia ou comunidade eclesial, de modo verticalista, de cima para baixo (cf. FLORISTÁN, 1991, p. 229ss.). O princípio da subsidiariedade vale também para os âmbitos eclesiais na Igreja local. Uma pastoral de conjunto, alicerçada sobre comunidades-sujeito, implica cada comunidade eclesial, tendo a diocese como horizonte, projetar a ação pastoral em seu próprio âmbito, de baixo para cima, de forma ascendente nos diversos âmbitos (cf. BRIGHENTI, 2000, p. 37). Durante o processo de projeção da ação, assim como em sua realização, os diferentes âmbitos eclesiais continuamente se interpenetram e interagem, mas sempre com o âmbito superior subsidiando o âmbito interior, condição para o exercício de um poder-serviço, na sinodalidade da Igreja em seus diferentes âmbitos.

Por outro lado, dado que a Igreja é "Igreja de Igrejas locais" (TILLARD, 1987), a pastoral orgânica e de conjunto não se esgota na diocese. O exercício da catolicidade na comunhão das Igrejas abre a pastoral de conjunto para âmbitos extradiocesanos, como os âmbitos regional, nacional e internacional (cf. BRIGHENTI, 2000, p. 37). Uma diocese que se isola ou um bispo que se liga só com o bispo de Roma se coloca fora da comunhão das Igrejas e da colegialidade episcopal, fazendo da Igreja local "parcela" e não "porção" do Povo de Deus. E mais do que isso. A pastoral orgânica e de conjunto não só não se esgota na Igreja local como também não se restringe à Igreja Católica. Dado que a Igreja de Jesus Cristo subsiste (*subsistit in*) na Igreja Católica e não somente nela (*solummodo*), toda ação eclesial precisa ter uma dimensão ecumênica e os cristãos são urgidos a agir com pessoas e organismos de outras Igrejas. Assim como também o cristianismo não é a única mediação de salvação e as religiões não cristãs têm raios da mesma luz que brilhou em plenitude em Jesus, a pastoral orgânica e de conjunto, além de sua dimensão ecumênica, precisa ter também uma dimensão inter-religiosa. A edificação do Reino se faz entre os cristãos e os adeptos de outras religiões. E mais que isso, dado que a Igreja é a comunhão do Povo de Deus com toda a humanidade (cf. BOURGEOIS, 2000, p. 654-659), um povo que peregrina no seio de uma humanidade toda ela peregrinante e que compartilha do mesmo destino, a pastoral orgânica e de conjunto também não se esgota no âmbito religioso. A Igreja existe para a salvação do mundo. O Reino de Deus, do qual a Igreja é seu sacramento, seu gérmen e princípio (*LG* 5), é o desígnio de Deus para a totalidade da criação. Consequentemente, a ação evangelizadora precisa incidir na sociedade e os cristãos, como cidadãos, se inserirem profeticamente no mundo. Isso descentra a Igreja de si mesma e de suas questões internas e lança-a a abraçar como suas as grandes causas da humanidade. Segundo a constituição *Gaudium et Spes*, a Igreja é um "corpo de serviço do Reino de Deus no mundo" (*GS* 1), desafiando os cristãos a trabalharem com todas as pessoas de boa vontade, em espírito de cooperação e serviço a toda a humanidade.

Fundamentos de ordem da eficácia da ação

A ação pastoral, ainda que seja uma ação perpassada pela graça e levada a cabo sob o dinamismo do Espírito, não deixa de ser uma ação humana, sujeita às mesmas contingências de qualquer outra ação. Por isso, a pastoral orgânica e de conjunto no contexto da renovação conciliar, além de superar o pragmatismo, buscou superar também o amadorismo de uma ação improvisada. Uma ação pastoral eficaz implica uma ação pensada, planejada e avaliada permanentemente. Daí a necessidade da mediação das ciências. Na projeção da ação pastoral, as ciências administrativas ocupam um lugar importante, além das ciências humanas e sociais, em geral (*GS* 62b-c).

Para uma pastoral pensada, um primeiro requisito para uma pastoral urbana consiste em conhecer a cidade em todos os seus aspectos e âmbitos, com a maior profundidade e seriedade possíveis. Para isso, dada a complexidade da realidade urbana, não basta um olhar empírico, espiritualista, pragmático, amador. Além de convocar teólogos e pastoralistas, é preciso recorrer também a outros especialistas como: sociólogos e economistas, para conhecê-la em sua lógica econômica, em suas estruturas sociais, em sua dinâmica própria, com seus desafios permanentes e emergentes; cientistas políticos, para fazer ver as relações entre os grupos, seus esforços para firmar-se e afirmar-se no espaço urbano, suas lutas pelo poder nas várias esferas e nos vários níveis; antropólogos, para ajudar a perceber as distintas identidades e as diversas mentalidades que existem e interagem no espaço urbano, onde convivem "mundos" culturais vários; estudiosos de sociologia da religião e especialistas em ética social, para fornecer critérios de discernimento dos processos e projetos que dão sentido às ações. Evangelizar é, antes de tudo, não ignorar. Para uma pastoral de encarnação, assumir é condição para redimir. Por isso, insistiu *Medellín* que toda ação evangelizadora começa com o discernimento da realidade. O melhor ponto de partida é sempre aquele onde a gente está.

Um olhar analítico da realidade urbana leva a considerar a cidade como um todo e na pluralidade de suas partes (cf. D'ASSUNÇÃO BARROS, 2007, p. 49-52). O paroquialismo viciou um olhar fragmentado do todo, em retalhos incapazes de exprimir "o todo no fragmento" (H. Urs von Balthasar). Nessa leitura míope, a paróquia toma dimensões de mundo e o mundo se transforma em entorno insignificante, olhado ora com desinteresse, ora com desdém, nunca como o todo que dá significado às suas partes. A paróquia urbana precisa ser porção da cidade, não parte.

Um segundo requisito em ordem à eficácia da ação é a explicitação dos objetivos e critérios de ação. Sem a consciência de aonde chegar, dos resultados a alcançar e do modo e das condições do processo a ser percorrido, a eficácia da fé estará comprometida e a ação pastoral se tornará irrelevante para seu contexto. São os objetivos e os critérios, derivados da utopia evangélica, confrontados com a realidade em que se está, que asseguram a especificidade da ação eclesial.

Um terceiro requisito para uma ação pastoral consequente com os imperativos da fé e os desafios da realidade é não perder de vista os diferentes âmbitos da ação eclesial ou os diversos campos possíveis de atuação, capazes de ir antecipando o Reino de Deus na história (cf. *LG* 6c). Limitar a ação pastoral ao espaço da subjetividade individual ou ao âmbito intraeclesial, leva ao espiritualismo e ao eclesiocentrismo, fazendo da Igreja um fim em si mesma, em lugar de mediação do Reino de Deus na concretude da história. A salvação ou a libertação integral da pessoa inteira e de todas as pessoas, bem como de seu contexto, implica uma ação abrangente no plano da criação, para além do estritamente religioso (cf. *GS* 45). Por isso, a ação pastoral, além do âmbito pessoal e da comunidade eclesial, precisa abarcar também o âmbito da sociedade.

Um terceiro requisito para uma ação pastoral pensada é projetar ações que sejam resposta aos desafios concretos do contexto da comunidade eclesial, inserida na sociedade de seu tempo. São as necessidades reais do contexto em que a Igreja se situa que determinam as ações pastorais, capazes de ir antecipando o Reino de Deus na história (cf. *LG* 6c). Também não se pode esquecer de pensar a execução propriamente dita da ação, que precisará contar com o suporte institucional e organizacional necessário, sob pena de comprometer os resultados almejados. Prescindir da instituição, das estruturas, da organização, da coordenação e da avaliação, é estar exposto ao risco da anarquização da ação.

2 Condições para uma pastoral de conjunto na cidade

Uma pastoral orgânica e de conjunto implica pensar a ação, tanto do ponto de vista pedagógico como metodológico. É próprio do ser humano pensar e deve ser também para um cristão que busca a eficacidade de sua fé. Mas, ainda que não exista uma ação humana nada pensada, não existe uma ação totalmente pensada, o que levaria a uma absolutização do planejamento. Um bom planejamento é aquele que nos ajuda a ir, cada vez mais, do menos pensado ao mais pensado. Por isso, mais importante do que pensar a ação é "como" pensá-la. É importante ter presente quem está envolvido no processo, como é feito o discernimento da realidade, como são tomadas as decisões, como se dá a relação com as ciências e a sociedade ou como são projetadas e executadas as ações.

Condições de ordem pedagógica

Para uma pastoral orgânica e de conjunto um bom método é sempre uma pedagogia em contexto, pois é sempre necessário conjugar o método com os sujeitos do processo e seu contexto.

Superar o amadorismo e o pragmatismo

Na prática pastoral, não basta boa vontade de querer acertar ou então se dar ao luxo de aprender com seus próprios erros. Acertamos mais quando valorizamos os demais e as ciências. A experiência é a mestra da vida à condição de saber aprender com ela. Em tempos de crise dos referenciais de toda ordem e das utopias, impera a ditadura do presente, que nos leva ao espontaneísmo e ao pragmatismo do cotidiano. Vivemos imersos no mundo do provisório, do passageiro, do descartável e do efêmero (cf. MARDONES, 2003, p. 2). Diante da sensação de que nada é para sempre, entra em xeque a noção de perenidade, de perseverança, de persistência. Há um encolhimento da utopia ao momentâneo.

Na pastoral, apresenta-se a tentação de uma ação sem profissionalismo, pautada pelo voluntarismo. Perde-se, com isso, a capacidade de fazer história. A história já não se faz, se padece. Mergulha-se em um eterno recomeçar, em uma história cíclica, tecida pela rotina da sobrevivência no cotidiano, condenando a pastoral a vegetar em uma "pastoral da conservação". A pastoral é uma ciência. Implica um saber e, ao agente, competência e consciência prospectiva. A competência vem de uma formação inter e transdisciplinar. É impossível ser um bom agente de pastoral sem conhecer o objeto e o método da ação eclesial e o contexto no qual ela se dá – o mundo, no emaranhado de suas instituições e organizações (cf. BRIGHENTI, 2006, p. 202-203).

A comunidade eclesial como sujeito da pastoral

Planejar implica exercício do poder, que pode ser de dominação, cooptação ou um poder-serviço, como é próprio do Evangelho. No exercício de um poder-dominação há um planejar "para" os outros, fazendo da comunidade objeto e não sujeito da pastoral e estabelecendo entre as partes uma relação "dominante-dominado". O plano é elaborado por alguns, para os demais executarem. No exercício do poder por cooptação, há um planejar "com" os outros, com participação controlada, manipulada. A comunidade é ouvida, mas não decide. Há voz, mas não voto. Há participação, mas por uma representação falseada, na medida em que além de cada um representar a si mesmo, também representa os interesses de quem os convocou autoritariamente. Nesse modo de planejar, o sujeito é ainda o dominante, a comunidade continua objeto da pastoral, a destinatária de determinados serviços a serem executados por pessoas que não decidiram a respeito de si mesmas. Já no exercício de um poder-serviço, o sujeito do planejamento é toda a comunidade eclesial, em uma relação sujeito-sujeito. O processo de discernimento e tomada de decisões é participativo. Funda-se em uma pedagogia da autonomia. Há participação de todos os interessados nas decisões, na execução e nos resultados, em um espírito de corresponsabilidade de todos os batizados.

Comunidades-sujeito da pastoral são expressão da superação do binômio clero-leigos, substituído pelo binômio comunidade-ministérios (cf. FLORISTÁN, 1991, p. 289). As decisões são tomadas por meio do consenso das diferenças pelo diálogo entre os diferentes, no horizonte da razão-comunicativa, que vai tecendo a verdade no consenso das diferenças exteriorizadas pelo ato comunicativo. É o exercício do *sensus fidelium*, sem o qual não há comunidade eclesial, não há Igreja sinodal.

Para isso, é preciso privilegiar o processo aos resultados. Pastoralmente, um bom resultado é sempre fruto de um processo. Para fazer história da salvação, os fins são os meios no caminho. No planejamento, o fim não é um plano, mas a comunidade-sujeito que pensa a ação antes, durante e depois dela. Privilegiar o processo significa privilegiar a participação. Quando se caminha com alguns, que vão à frente sozinhos, vai-se mais rápido, mas se chega depois ou nunca se chega, pois onde só alguns mudam, nada muda. No caminhar com todos, vai-se mais devagar, mas se chega antes, pois há mais chance de todos mudarem. Todo processo é gradual e é preciso respeitar o ritmo das pessoas, o tempo de Deus, da conversão e da graça (cf. BRIGHENTI, 2006, p. 203-207).

Condições de ordem metodológica

A ação, incluída a ação pastoral, na medida em que é portadora de uma racionalidade própria, tem também seu estatuto, sua racionalidade. Para ser consequente com a realidade em que se vive, transformadora e forjadora de um mundo crescentemente melhor, implica três exigências básicas.

Primeira exigência: pés no chão

Uma ação pastoral orgânica e de conjunto, enquanto processo que ajuda a Igreja a encarnar-se e inculturar o Evangelho em seu meio, precisa estar estreitamente conectada com a realidade onde ela acontece (COMBLIN, 2002, p. 33-36). Planejar é, antes de tudo, não ignorar. É preciso estar sintonizado com os "novos sinais dos tempos", como diz Santo Domingo, e intuir por onde caminhar para chegar ao futuro almejado. Antes de pensar a ação futura, para que ela seja resposta a perguntas reais, o imperativo é situar-se em relação às pessoas, à instituição eclesial e à sociedade. Nada substitui o conhecimento experiencial e analítico da realidade, bem como os ouvidos abertos para a escuta, condição para a apreensão do real da realidade. Partir da realidade é partir de onde estamos e não de onde gostaríamos de estar. Do contrário, não se gera processo. Os processos ou estão alicerçados sobre a realidade ou não acontecem. E sem gerar processo, estamos condenados ao eterno recomeço. E, sobretudo, é preciso estar conectado com os processos em curso, sempre existentes. Não detectá-los é ignorar a realidade e projetar um plano fictício, mesmo que bem elaborado tecnicamente.

Segunda exigência: olhos no horizonte

Planejar é prever, é projetar um futuro desejável, é definir para onde se quer caminhar, a partir de onde se está. Por isso, a eficácia de uma ação pastoral orgânica e de conjunto, além de se colocar os pés no chão, é preciso "olhar longe", para a utopia que se quer perseguir. A utopia serve, sobretudo, para caminhar para frente. Partir da realidade não significa que os problemas e os desafios que se apresentam têm a última palavra. A realidade, por mais contraditória e dura que seja, não tem a última palavra. Não estamos condenados ao passado, ao derrotismo e ao conformismo. Em meio às vicissitudes do cotidiano, os que caminham na fé contam sempre com uma voz que soa do coração dos fatos – "toma, come, levanta e continua o caminho" e a missão. Sem essa atitude de esperança, não há metodologia, por melhor que seja, que faça caminhar com razão. É o momento de projetar a esperança, que no cristianismo é sempre uma esperança ativa, que procura antecipar na história aquilo que se espera na fé. Ter os olhos voltados para o horizonte é condição para sintonizar com a utopia do Evangelho e, desde aí, projetar um futuro desejável, na perspectiva do Reino de Deus. Toda visão catastrófica ou retrospectiva da realidade inviabiliza qualquer possibilidade de uma pastoral orgânica e de conjunto enquanto processo de uma comunidade sujeito, sacramento do Reino na concretude da história.

Terceira exigência: "sujar" as mãos

Na projeção e realização de uma pastoral orgânica e de conjunto, os pés-no-chão e os olhos no horizonte precisam encontrar-se com as mãos. De nada vale a consciência da realidade e a esperança de que um dia ela pode ser diferente se não são aterrissadas em ações concretas. É preciso conjugar conhecimento (cabeça), propósitos e convicções (coração) com a ação (mãos). O estatuto da ação tem também suas mediações que permitem baixar do projetado à execução. Critérios, estratégias, objetivos, programas, projetos e metas dão racionalidade ao processo de execução, isentando-o de improvisações e amadorismos. Mas não há receitas. Aqui entramos no terreno da criatividade, do ensaio e, portanto, da possibilidade de acertos e erros. Não há outro caminho, a menos que fiquemos no nível dos princípios, o que também é um erro, pois a utopia do Reino jamais se faria história. É o encontro da verdade com a veracidade de sua comprovação histórica (cf. BRIGHENTI, 2006, p. 210-211).

Referências

ALMEIDA, A.J. *Paróquia, comunidades e pastoral urbana*. São Paulo: Paulinas, 2009.

ANTONIAZZI, A. "Princípios teológico-pastorais para a presença da Igreja na cidade". In: INP. *A presença da Igreja na cidade*. Petrópolis: Vozes, 1994.

BEOZZO, J.O. "Igreja no Brasil: planejamento pastoral em questão". In: *Revista Eclesiástica Brasileira*, vol. 42, n. 167, set./1982.

BOURGEOIS, D. *La pastoral de la Iglesia*. Valência: Edicep, 2000.

BRIGHENTI, A. *A pastoral dá o que pensar*: A inteligência da prática transformadora da fé. São Paulo: Paulinas, 2006.

_____. *Reconstruindo a esperança* – Como planejar a ação da Igreja em tempos de mudança. São Paulo: Paulus, 2000.

_____. "Inculturação, endoculturação da Igreja e planejamento pastoral". In: *Medellín* 79, 1994, p. 413-463.

CALVO, F.J. "Notas para una historia de la pastoral de conjunto". In: *Pastoral de conjunto*. Madri, 1966, p. 13-24.

CHAPA, J. "Sobre la relación laós-laikós". In: ILLANES, J.L. *La misión del laico en la Iglesia y en el mundo*. Pamplona: Eunsa, 1987, p. 197-212.

COMBLIN, J. *Os desafios da cidade no século XXI*. São Paulo: Paulus, 2003.

_____. *O Povo de Deus*. 2. ed. São Paulo: Paulus, 2002 [Temas de Atualidade].

_____. *Pastoral urbana* – O dinamismo na evangelização. Petrópolis: Vozes, 1999.

_____. *Viver na cidade*. São Paulo: Paulus, 1996.

_____. "Evolução da pastoral urbana". In: VV.AA. *Pastoral urbana*. São Paulo: Paulinas, 1980, p. 33-51.

COMBLIN, J. & CALVO, F.J. *Teología de la ciudad*. Estella: Verbo divino, 1972.

D'ASSUNÇÃO BARROS, J. *Cidade e história*. Petrópolis: Vozes, 2007.

FLORISTÁN, C. "Laicado". In: FLORISTÁN, C. (org.). *Nuevo Diccionario de Pastoral*. Madri: San Pablo, 2002, p. 761-772.

_____. *Teología práctica* – Teoría y praxis de la acción pastoral. Salamanca: Sígueme, 1991.

GONZÁLEZ FAUS, J.I. "El meollo de la involución eclesial". In: *Razón y Fe* 220, 1089/90, 1989, p. 67-84.

LADRIÈRE, P. & LUNEAU, R. (orgs.). *Le retour des certitudes* – Événements et orthodoxie depuis Vatican II. Paris: Le Centurion, 1987.

LIBANIO, J.B. *As lógicas da cidade*: o impacto sobre a fé e sob o impacto da fé. São Paulo: Loyola, 2001.

SANTOS, M. *A urbanização brasileira*. São Paulo: Edusp, 2007.

TILLARD, J.M.R. *Église d'Églises* – L'écclesiologie de communion. Paris: Cerf, 1987.

TORRES, C.A. *La ciudad, habitat de diversidad y complejidad*. Bogotá: Universidad Nacional de Colombia, 2000.

URRUTIA, V. *Para comprender qué es la ciudad* – Teorías sociales. Pamplona: Verbo divino, 1999.

CONCLUSÃO

Em sintonia com as atuais *Diretrizes gerais da ação evangelizadora da Igreja no Brasil*, este livro nos confronta com o desafio da evangelização do mundo urbano. E faz isso ajudando-nos a compreender melhor a cidade e desafiando-nos a encarnar o Evangelho nesse contexto.

A problemática da evangelização é sempre a mesma e é sempre nova. É *sempre a mesma* porque a Igreja "anuncia sempre o mesmo Evangelho" que é o Evangelho do reinado de Deus anunciado por Jesus Cristo. E é *sempre nova* porque se trata do anúncio desse Evangelho em novos contextos, nos quais a Igreja é "chamada a *acolher, contemplar, discernir* e *iluminar* com a Palavra de Deus a complexa gama de elementos culturais, sociais, políticos [econômicos] e éticos que constituem a realidade à qual é enviada" (*DGAE* 41). Na verdade, "só a partir desse diálogo com a realidade em constante mutação ela será capaz de fazer com que o Evangelho chegue aos corações das pessoas, às estruturas sociais e às diversas culturas" (*DGAE* 41).

Frente ao risco de certo reducionismo culturalista de compreensão do mundo urbano (cultura urbana) e da ação evangelizadora (dimensão pessoal e cultural), presente nas *Diretrizes* da CNBB, é importante e necessário insistir em uma compreensão do mundo urbano em sua complexidade econômica, política, social, cultural, religiosa etc. e em uma compreensão global da evangelização em suas dimensões pessoal, cultural e social.

O grande desafio com o qual somos confrontados na ação pastoral é fazer com que o Evangelho chegue ao "coração das pessoas", às "diversas culturas" e às "estruturas sociais", transformando, na força do Espírito e a partir de dentro, as pessoas, as culturas e sociedade. E isso tem muitas consequências:

• Em primeiro lugar, deve tocar o mais íntimo e profundo das pessoas, chegando a seus sentimentos, pensamentos, visões de mundo, convicções, reações, isto é, configurando a partir de dentro seu modo de vida. É a dimensão pessoal-subjetiva da fé, irredutível a toda expressão religiosa externa; uma dimensão fundamental e intransferível que se tornou particularmente relevante em um ambiente plural e onde a fé deixou de ser um dado cultural. Ninguém nasce cristão. A pessoa vai se tornando cristão por uma opção pessoal cotidiana por Jesus Cristo e seu Evangelho. Sem isso, a fé não passa de exterioridade vazia e ineficaz.

• Em segundo lugar, por meio dos cristãos e de suas comunidades, deve intervir nos modos de vida da sociedade, disseminando e cultivando valores e práticas evangélicos como fraternidade, solidariedade, perdão, justiça, compaixão, misericórdia etc. Esses valores e práticas, compartilhados com tantas pessoas e grupos, têm um caráter/potencial/dinamismo humanizador que seduz/atrai/congrega e constituem a base de uma nova sociedade. Como tanto tem insistido o Papa Francisco, sem uma transformação cultural profunda não é possível nenhuma mudança mais consequente da sociedade. E no contexto atual de banalização da vida humana, disseminar, cultivar e promover a cultura do respeito, da solidariedade, da compaixão e da justiça (na catequese, na homilia, nas celebrações, nos encontros de formação, nos meios de comunicação social em geral etc.) é tarefa urgente e impostergável.

• Em terceiro lugar, deve levar a um compromisso com os pobres e todas as vítimas de injustiça, preconceito e marginalização social (periferias sociais) e com as pessoas nas mais diversas situações de sofrimento (periferias existenciais). Isso implica uma tomada de posição clara e firme dos cristãos e da Igreja em defesa dos pobres e das vítimas. Contempla comunhão, colaboração e participação nas mais diversas lutas e organizações populares em defesa dos direitos dos pobres e das vítimas. Isso implica o fortalecimento e a criação de pastorais e organismos sociais da Igreja para acompanhar e colaborar com os pobres em suas lutas e organizações populares. E, aqui, como tem insistido o Papa Francisco, a colaboração com os movimentos populares é fundamental. Está em jogo o processo de democratização da cidade por meio da garantia dos direitos dos pobres e marginalizados – sinal e mediação privilegiados do reinado de Deus neste mundo.

Importa fortalecer a *dimensão comunitária* da fé e, por meio de comunidades alicerçadas na Palavra, no Pão, na caridade e seu *dinamismo missionário*, ser "sinal e instrumento" de salvação ou do reinado de Deus neste mundo cada vez mais urbano, tanto nas dimensões pessoal e comunitária quanto na dimensão socioestrutural.

ÍNDICE

Sumário, 5
Lista de abreviaturas, 7
Introdução, 9

Parte I – Mundo urbano, 13

1 O mundo urbano – Um universo plural, diverso, complexo, 15
Solange S. Rodrigues

    1 Mundo urbano: espaço complexo de relações sociais, 15
    2 Extensão da população urbana no Brasil, 20
    3 A urbanização desigual no Brasil e o direito à cidade, 24
    Nota final, 30
    Referências, 31

2 A cidade como um modo de vida – Em busca de redes de comunicação humanizadas, 34
Magali do Nascimento Cunha

    1 Ver o que está diante de nós, 36
    2 Julgar pela Palavra de Deus – A teologia da comunicação, 41
        Da comunhão à competição, 44
        Onde estão as divergências?, 45
    3 Agir em nome do projeto divino: o desafio da fé em dimensão pública, 48
    Referências, 50

3 Sobreviver na cidade – Cristalização de contradições, 53
Luiz Roberto Benedetti

  1 Mundo da sobrevivência, 54
  2 Exclusão e inclusão, 57
  3 Dimensão territorial, 60
  4 As mídias sociais, 62
  Referências, 63

4 O desafio da convivência das religiões no espaço urbano, 65
Elias Wolff

  1 A religião na gênese da cidade, 65
  2 Religião e cidades contemporâneas, 67
  3 A insistência da religião na configuração do cenário urbano, 69
  4 Desafios da relação entre religião e cidade, 71
    Afirmar o plural sem fragmentar o tecido social, 71
    Afirmar a liberdade religiosa sem individualismos, 72
    Afirmar o ético e o profético sobre o estético, 73
    Desenvolver a cultura do encontro, do diálogo e da cooperação, 74
  A título de conclusão: a perspectiva cristã na relação entre religião e cidade, 75
  Referências, 77

Parte II – Igreja urbana, 81

5 Igreja: sacramento do reinado de Deus, 83
Francisco de Aquino Júnior

  1 Igreja: "sinal e instrumento" do reinado de Deus no mundo, 85
    Igreja-reinado de Deus, 87
    Igreja-mundo, 89

  2 Igreja no mundo urbano, 92
Referências, 95
6 Uma Igreja de rosto urbano, 97
Mario de França Miranda

  1 Algumas noções subjacentes ao texto, 98
  2 A opção por pequenas comunidades eclesiais, 101
  3 A unidade eclesial na pluralidade de comunidades, 107
Referências, 109

7 Comunidade – Modo de vida e testemunho evangélico, 110
Celso Pinto Carias

  1 Conceitos que exigem aprofundamento, 111
     Missão, 112
     Culturas urbanas, 114
     Comunidades missionárias, 117
  2 Comunidade: lugar do perdão e da festa, 119
     Comunidade: espaço do encontro, 119
     Comunidade: espaço da solidariedade, 120
     Comunidade: lugar da alegria, 122
Conclusão, 123
Referências, 123

8 Periferias como lugar teológico-eclesial, 124
Sinivaldo S. Tavares

  1 "Urbanização" ou "urbano-periferização"?, 124
     Periferias: produto da "urbano-periferização", 125
     Periferias: segregação *versus* transgressão e reinvenção, 126
     À moda da periferia: urbanização desigual, 127
  2 Periferias urbanas como lugar teológico-eclesial, 128
     O valor perene da opção pelos pobres, 131

A eleição das periferias como prioridade na evangelização, 134

O desafio de uma evangelização inclusiva e integral, 136

Referências, 137

Parte III – Pastoral urbana, 139

9 Uma pastoral com rosto urbano, 141
Manoel José de Godoy

   1 Um primeiro olhar sobre a cidade, 142

   2 A cidade em três tempos: *cronos*, *kairós* e *eschaton*, 148

   3 Uma chance para o Evangelho, 152

      Primeiro princípio: o tempo é superior ao espaço, 152

      Segundo princípio: a unidade prevalece sobre o conflito, 153

      Terceiro princípio: a realidade é mais importante do que a ideia, 154

      Quarto princípio: o todo é superior à parte, 155

      O "modelo poliedro" apresentado pelo Papa Francisco, 156

   4 Uma pastoral com rosto urbano, 156

   Referências, 159

10 Refazer o tecido social e eclesial, 160
Benedito Ferraro

   1 Globalização da indiferença e do descarte *versus* cultura da solidariedade e do encontro, 162

   2 A comunidade eclesial como espaço de encontro e acolhida e como sujeito da evangelização, 165

   3 A Comunidade Eclesial de Base como célula inicial da estruturação, 169

4 A pastoral social e a Igreja como promotora da consciência cidadã, 171
    Necessidade de uma mudança estrutural, 175
    Uma economia a serviço da vida, 176
    Cultura do encontro e do diálogo, 176
    Revitalizar nossas democracias, 177
    Defesa da Mãe Terra, 177
A modo de conclusão, 178
Referências, 179

11 Evangelização das cidades e conversão ecológica – Sugestões a partir das *Diretrizes* da CNBB, 181
Afonso Murad

1 O apelo da ecologia integral e da conversão ecológica, 182
2 A visão sobre a realidade urbana nas *Diretrizes*, 184
3 Sair do "meu quarto" e habitar a casa, 186
4 Aplicar criativamente as *Diretrizes*: nossa tarefa, 190
5 O pilar da Palavra e a espiritualidade ecológica, 192
6 O pilar do Pão e a conversão ecológica, 195
7 Os pilares da caridade e da ação missionária na conversão ecológica, 197
8 Sugestões de ações comunitárias nos espaços eclesiais urbanos, 200
    Eventos, 201
    Campanhas, 202
    Processos, 202
    Gestão ambiental, 203
    Grupo de incidência política, 203
Conclusão aberta, 204
Referências, 205

12 Pastoral orgânica e de conjunto na cidade, 206
Agenor Brighenti

1 Fundamentos teológicos de uma pastoral de conjunto na cidade, 208
  Fundamentos de ordem teológica, 209
  Fundamentos de ordem da eficácia da ação, 211
2 Condições para uma pastoral de conjunto na cidade, 213
  Condições de ordem pedagógica, 213
    Superar o amadorismo e o pragmatismo, 213
    A comunidade eclesial como sujeito da pastoral, 214
  Condições de ordem metodológica, 215
    Primeira exigência: pés no chão, 216
    Segunda exigência: olhos no horizonte, 216
    Terceira exigência: "sujar" as mãos, 217
Referências, 217

Conclusão, 221

EDITORA VOZES
Editorial

CULTURAL
Administração
Antropologia
Biografias
Comunicação
Dinâmicas e Jogos
Ecologia e Meio Ambiente
Educação e Pedagogia
Filosofia
História
Letras e Literatura
Obras de referência
Política
Psicologia
Saúde e Nutrição
Serviço Social e Trabalho
Sociologia

CATEQUÉTICO PASTORAL

Catequese
Geral
Crisma
Primeira Eucaristia

Pastoral
Geral
Sacramental
Familiar
Social
Ensino Religioso Escolar

TEOLÓGICO ESPIRITUAL
Biografias
Devocionários
Espiritualidade e Mística
Espiritualidade Mariana
Franciscanismo
Autoconhecimento
Liturgia
Obras de referência
Sagrada Escritura e Livros Apócrifos

Teologia
Bíblica
Histórica
Prática
Sistemática

VOZES NOBILIS
Uma linha editorial especial, com importantes autores, alto valor agregado e qualidade superior.

REVISTAS
Concilium
Estudos Bíblicos
Grande Sinal
REB (Revista Eclesiástica Brasileira)

VOZES DE BOLSO
Obras clássicas de Ciências Humanas em formato de bolso.

PRODUTOS SAZONAIS
Folhinha do Sagrado Coração de Jesus
Calendário de mesa do Sagrado Coração de Jesus
Agenda do Sagrado Coração de Jesus
Almanaque Santo Antônio
Agendinha
Diário Vozes
Meditações para o dia a dia
Encontro diário com Deus
Guia Litúrgico

CADASTRE-SE
www.vozes.com.br

EDITORA VOZES LTDA.
Rua Frei Luís, 100 – Centro – Cep 25689-900 – Petrópolis, RJ
Tel.: (24) 2233-9000 – Fax: (24) 2231-4676 – E-mail: vendas@vozes.com.br

UNIDADES NO BRASIL: Belo Horizonte, MG – Brasília, DF – Campinas, SP – Cuiabá, MT
Curitiba, PR – Fortaleza, CE – Goiânia, GO – Juiz de Fora, MG
Manaus, AM – Petrópolis, RJ – Porto Alegre, RS – Recife, PE – Rio de Janeiro, RJ
Salvador, BA – São Paulo, SP